이미지케이션으로

몸값을 올려라

이미지케이션으로 몸값을 올려라

박보경 지음

1판 1쇄 발행 | 2008. 1. 25

발행처 | Human & Books
발행인 | 하응백
기획 | 서정 Contents Agency (02-325-6693)
출판등록 | 2002년 6월 5일 제2002-113호

서울특별시 종로구 경운동 88 수운회관 1009호
마케팅부 02-6327-3537, 편집부 02-6327-3535, 팩시밀리 02-6327-5353
이메일 | hbooks@empal.com

값은 뒤표지에 있습니다.

ISBN 978-89-6078-027-9 03320

이미지케이션으로 몸값을 올려라

박보경 지음

Human & Books

들어가며

책을 낸다는 건 특별한 경험이다. 집필하는 내내 나만의 개성이 묻어나되 독자들의 공감을 끌어내고 실생활에 도움을 주는 책을 쓰고 싶었다. 책을 마치고 나니 그런 취지가 조금이나마 반영된 것 같아 기쁘다.

강의가 직업인 내게 영감의 원천은 역시 수강생들이다. 아니, 수강생이기 전에 사람이었다. 믿기 어렵겠지만 지금도 내게 강의를 들었던 사람들의 표정이 고스란히 기억 한구석에 저장되어 있다.

이 책을 집중해서 쓸 수 있게끔 도와준 영감의 원천이 하나 더 있다. 내게 사랑이 무엇인지, 인내가 무엇인지, 관계란 어떤 것인지 말없이 행동으로 보여주시고 천국으로 가신 내 어머니다. 어머니께서 떠나셨을 때 지인들 모두 진심으로 안타까워했다. 상대에게 늘 사랑으로 베푸셨고 한집안의 관계와 질서를 유지하기 위해 무던히도 애쓰셨던 고운 분이셨다. 그러나 정작 자신을 위한 부분인 '아이드-이미지 케이션'(이 책 Chapter 2에 소개된다)에는 소홀하셨던 걸 생각할 때마다 마음이 저리다. 어머니가 살아계실 때 그렇게도 자랑스러워했던 막내가 나인데, 이 책으로 어머니의 정성과 사랑에 조금이나마 보답할 수 있을까 하는 미련한 생각도 해본다.

그래도 이 책의 출간을 기뻐해줄 분들이 있어 행복하다. 아직 내 아버지가 계시고 사랑하는 가족이 있기에 그렇다. 또한 매주 말씀으로 힘을 주시는 목사님과 강의를 하고 책을 쓴다고 늘 기도해주시는 구역 식구가 있어 삶 속에 작은 감사가 넘쳐난다.

나는 이 책을 읽는 독자들이 행복했으면 좋겠다. 그리고 하고자 하는 일에 성공을 이루고, 주위 사람들과 사랑을 주고받는 사람이 되었으면 좋겠다. 여러분이 자기 자신과 여러분이 속한 조직과 관계에서, 더 나아가 세계 속에서도 소통하는 사람이 되길 바라는 심정으로 이 책을 적어 내려갔다. 이미지케이션이 여러분의 현재와 미래를 만들어가는 데 적용되길 바라는 마음 가득하다.

아울러 휴먼앤북스 출판사 관계자 분들과 서정 Contents Agency

김준호 대표님, 이명규 기획이사님께도 감사를 드린다.

이 모든 영광을 주님께 돌린다.

특별하고 소중한 날,

새로운 일들이 순차적으로 이루어지는 놀라운 날들이 되기를 바라며

잔잔한 행복과 기쁨을 느끼는 날에 박보경 올림

CONTENTS

들어가며 5

프롤로그
_이제는 이미지케이션imagication이다 12

CHAPTER 1
human imagication

휴 먼 이 미 지 케 이 션

현대인에게는 인간적인 이미지케이션 전략이 필요하다

휴먼 이미지케이션human imagication이란 21
_진정 통한다는 것은 23 _그럼 '나self image'부터 알아야지! 27 _상대를 인정하기 29

2030에게 필요한 휴먼 이미지케이션 32
_'축 늘어진 백수'를 '멋진 백수'로 바꾸는 이미지케이션 전략 34
_성공적인 면접을 위한 이미지케이션 전략 39 _직장생활을 성공적으로 만드는 이미지케이션 전략 44

맛있는 사람으로 바뀌는 휴먼 이미지케이션 51
_무 같은 사람 되기: 융화 53 _맛있는 오이지무침 같은 사람 되기: 주관 56
_따끈한 흰 쌀밥 같은 사람 되기: 존재감 57 _톡 쏘는 청량음료 같은 사람 되기: 시원함 59
_치즈 케이크 같은 사람 되기: 부드러움 60 _김치 같은 사람 되기: 우정 62 _깻잎 같은 사람 되기: 깔끔함 64
_꽃등심 같은 사람 되기: 고급스러움 66 _물냉면 육수 같은 사람 되기: 인내 69
_임연수어 구이 같은 사람 되기: 나눔 71

CHAPTER 2
imagicy

나부터 바꿔라, '이미지씨'

개인에게 필요한 이미지케이션 전략

아이드-이미지케이션id-imagication**이란 79**

_나는 달라진다. '이미지씨'로 82   _내가 진짜로 원하는 게 뭐지? 83   _독서로 샤워하기 87

_그까짓 거 대충? 90   _건강 챙기기 93   _배워서 절대로 남 안 준다 95   _혼자만의 시간 98

바디-이미지케이션body-imagication: **아이드-이미지케이션의 실천 기술 104**

_눈빛으로 소통하자 106   _모든 목소리는 아름답다 111   _표정으로 공감하기 114

_열린 귀로 통(通)하기 119   _당당하게 어깨를 펴자 122

_컬러를 생활 속에 접목하기 125   _쇼핑도 센스다 130   _개인 영역도 신경 쓰자 134

_팔과 손동작에 유의하기 136   _다리와 발로 말하기 139

CHAPTER 3
imagimate

친구와 인맥은 통한다, '이미지메이트'

관계 속에서 필요한 이미지케이션 전략

리-이미지케이션re-imagication이란 147

_주위 사람들을 이미지메이트로 만들자 148   _상호 대인 매력에도 핵심요인이 있다 151

_인간의 네 가지 삶의 태도life position 158   _타인의 존재를 인정하는 행위stoke 163

리-이미지케이션의 기술 169

_편안해 보이는 것도 능력이다 169   _너, 왜 반말하세요? 176   _칭찬은 부메랑이다 178

_글로도 통하라 183   _가정에서 필요한 리-이미지케이션 187

CHAPTER4
meta imagication

메타 이미지케이션

이미지케이션의 '지속가능한 발전'을 고민하다

메타 이미지케이션을 위해 필요한 것들 199

_빠르게 변하는 사회를 감당하려면 유연성이 필요하다 201

_상대를 향한 열린 마음은 원활한 의사소통을 부른다 205   _혼자가 아닌 우리라는 관계 중심적 사고를 가지자 206

_남이나 조직을 위해서가 아니라 자신을 위해 열정을 갖자 207   _스스로 재미있게 즐기자 209

_작은 일이라도 지금 당장 시작할 용기를 가지자 210

이제는 글로벌 이미지케이션을 모색할 때다 214

에필로그

_이미지케이션이 새로운 미래를 만든다 222

이제는 이미지케이션imagication이다

'이미지케이션imagication' 이라는 개념을 들어본 적이 있는가? '이미지케이션' 은 'image' 와 'communication' 의 합성어로, 'imagication = imag[e]+[commun]ication' 으로 이해하면 된다. '자기관리에 해당되는 이미지메이킹의 요소와 대인관계에서 서로의 원활한 소통을 일컫는 커뮤니케이션을 조합' 한 신조어가 바로 '이미지케이션' 인 것이다.

나의 직업은 강사로 처음 강의했던 분야는 이미지메이킹이었다. 물론 지금도 이미지메이킹으로 강의를 부탁받는 일이 많지만 강의하러 간 곳에서 나는 분명히 말한다. 지금부터 내가 가르칠 분야는 이미지케이션(이미지 커뮤니케이션)이라고. 그러면 사람들은 좀 의아해 한다. "아, 그러세요" 라고 말하지만 그건 어디까지나 인사일 뿐이라는 걸 느낀다.

지금껏 "강사님! 이미지케이션으로 강의를 부탁드립니다. 저희가 원하는 것은 이미지메이킹이 아니라 이미지케이션입니다"라고 말하는 교육담당자를 한 번도 보지 못했다. 내심 얼마나 안타깝던지.

그리 긴 경력은 아니지만 '이미지케이션'이라는 나만의 분야를 개척해 강의를 했을 때 많은 수강생들이 공감해주었다. 수강생과 공감대를 형성하고 감사하다는 인사를 받으면 강사로서 큰 자부심을 느낀다. '이미지케이션'으로 강의를 할수록 나는 확신이 들기 시작했고 책으로 만들어 좀 더 많은 독자에게 알리고픈 욕심이 생겼다. 이런 절실한 심정으로 흰 종이를 또박또박 메워 나갔다.

물론 이미지메이킹과 중복되는 내용도 있다. 왜 굳이 용어를 바꾸느냐는 사람들도 있을 것이다. 툭 터놓고 말하자면 나는 '메이킹'이라는 단어가 처음부터 거슬렸다. 메이킹은 제조의 냄새가 난다. 직역하면 이미지를 메이킹한다는 것, 즉 이미지를 만든다는 게 보통 사람들에겐 잘 와 닿지 않는다는 생각이 들었다. 엘빈 토플러가 말한 제2의 물결에 해당하는 제조의 물결(제품 생산에 몰두하는 시대를 일컫는다)처럼 인위적이고 사람 냄새가 배제된 용어처럼 느껴졌기 때문이다. 이미지는 만드는 것과 연출하는 것만큼 소통할 수 있을 때 의미가 생기는 것이라 믿기에 인위적인 냄새가 나는 메이킹이라는 단어에 거부감이 들었던 것이다.

이미지케이션을 한마디로 정의 내린다면 "자신만의 이미지로 세상과 통하는 것"이라고 할 수 있다. 그러나 이미지 커뮤니케이션이라고 하면 너무 길었고 입에 착 붙지도 않았다. 또한 국내 출판된 커뮤니케이션 책을 보면 비언어 커뮤니케이션이 중요하다고 하면서도 어떻게 소통해야 할지에 대한 구체적인 방안이 부족했다. 그래서 과감히 이미지메이킹의 자기표현 요소와 커뮤니케이션을 줄여 '이미지케이션'이라는 신조어를 만들었다.

이 책을 여러분이 읽기 전에 꼭 알았으면 하는 부분이 있다. 바로 자신의 이미지self image는 외모만이 아니라는 것이다. 언젠가 청소년을 대상으로 강의를 하러 갔는데, 그때 두 학생이 속삭이는 말을 들었다.

"야! 이미지메이킹이 뭐래?"
"그거, 사람의 겉모습을 꾸며주는 거래."
"어, 그래?"

두 학생은 너무나 당연하게 겉모습을 꾸며주는 걸로 이미지메이킹을 단순화시켰다. 이미지 컨설턴트들이 두 학생의 말을 들었다면 서운해 했을 것이다. 겉모습은 이미지와 동등한 개념이 아니다. 부분일 수는 있지만 완전한 100%가 아니라는 것이다. 이 책을 읽은 여러분이 '외모가 이미지의 전부가 아니었구나' 만 알게 돼도 책을 낸 보람을 찾을 수 있을 것이다.

이 책은 이미지케이션을 4개의 Chapter로 나누어 설명한다.
Chapter 1은 이미지케이션의 지향점인 '휴먼human 이미지케이션'

을 다룬다. 사람 냄새 나는, 사람과 사람 사이에서 성공뿐 아니라 행복을 찾아가는 의미를 지닌 휴먼 이미지케이션이 현대인에겐 반드시 필요하기 때문이다.

휴먼 이미지케이션을 위한 전략은 크게 '개개인에게 필요한 이미지케이션'(아이드-이미지케이션)과 '타인과의 소통에 필요한 이미지케이션'(리-이미지케이션)으로 구분할 수 있으며, 이미지케이션 자체에 대해 연구하는 '메타 이미지케이션'도 포함한다.

진정한 의미의 휴먼 이미지케이션을 위해서는 어떤 것들이 전제되어야 하는지와 대한민국 모든 세대들에게 필요한 이미지케이션을 다뤘다. 또한 음식과 재료를 결합해 맛깔 나는 사람으로 바뀔 수 있는 휴먼 이미지케이션에 필요한 덕목을 재미있게 구성하였다.

Chapter 2에서는 '이미지씨imagicy'라는 용어로 개인에게 필요한 이미지케이션 전략에 대해 언급했다. 개인에게 필요한 이미지케이션을 '아이드Id, identity-이미지케이션'이라고 명명했는데 자신의 정체성을 원활히 소통할 수 있을 때 대인관계에서도 건강한 소통이 가능하기 때문이다. 흔히 다른 사람을 부를 때 '○○ 씨'라고 하는 것처럼 '이미지씨'는 우리말로 읽어도 그다지 이상하지 않다.

이미지씨는 'I(자아)＋magi[c](마법)＋y(사람)', 즉 "마법magic에 의해 새롭게 태어난 나"이다. 이미지씨imagicy는 '이미지케이션에 의해 변신한 아무개 씨'라는 의미로 변신하게 된다.

아이드-이미지케이션은 기술적인 방법을 몰라 잘 표현하지 못했던 자신을 효과적인 이미지케이션으로 새롭게 보여주는 것이다. 즉 먼저 자신에게 초점을 맞춰 정체성을 확립할 수 있는 이미지케이션 전략과 신체body를 통한 이미지케이션 전략을 구체적으로 설명한다.

Chapter 3에서는 아이드-커뮤니케이션을 통해 새롭게 태어난 자아(이미지씨)가 사회와 관계를 맺고 그 속에서 소통하는 이미지케이션 전략, 즉 '리relationship의 re-이미지케이션'을 다룬다. 우리는 리-이미지케이션을 통해 가정이나 직장, 조직에서 좋은 친구를 만들고 인맥도 형성해 성공과 행복이라는 두 마리 토끼를 잡을 수 있게 된다. 그렇게 될 때 나는 '자아(I)+magi[c](마법)+mate(친구, 동료)'로 변신한다. 나는 상대방의, 상대방은 나의 '이미지메이트imagimate', 즉 '마법 같은 친구'(사람과 사람이 만나 친해지는 것은 일종의 마법이다)가 되는 것이다.

Chapter 4는 이미지케이션의 '지속가능한 발전', 즉 이미지케이션 자체에 대한 연구를 일컫는 '메타meta 이미지케이션'에 대한 모색이다. 기존의 이미지메이킹 영역은 자기표현 테크닉 위주로 많이 발전했지만 이미지케이션 전략은 인간 본질에 접근하는 것이므로 여러 인접 학문과 연결되며 계속 탐구되고 개발되어 나가야 하기 때문이다.

개인을 새로운 '이미지씨'로 만드는 아이드-이미지케이션과 관계 속에서 친구와 인맥, 즉 '이미지메이트'를 형성하는 리-이미지케이션, 이 모두를 포함한 휴먼 이미지케이션을 추구하고 그 자체에 대해 고민하고 연구하며 발전시켜 나가는 것이 바로 메타 이미지케이션이다. 메타 이미지케이션을 지속적으로 발전시키기 위해 필요한 자기계발적 요소들을 다루었다.

나는 이 책을 눈에 힘을 주고 신경을 곤두세우며 여러 번 읽어야 이해가 되는 전공서적처럼 쓰지 않았다. 또 나에겐 그런 재능도 없다. 단지 여러분이 책의 내용에 공감하고 삶에서 이 내용들을 실천해볼 수 있다면 그것만으로 족하다.

책 하나를 쓰는 데도 여러 사람들의 도움 없이는 이루기 힘들다는 것을 이 책을 쓰면서 알게 됐다. 즉 생활 속의 관계가 삶에 많은 의미를 준다는 것에 새삼 놀랐다.

독자들이여! 이제 가벼운 마음으로 독서의 산책을 즐길 준비가 됐는가? 가볍지만 오랜 시간 동안 여러분의 기억 속에 저장되길 바라는 욕심으로 이 글을 읽는 모든 이들에게 감사와 미소, 더불어 내 긍정과 열정을 보낸다.

프롤로그

휴먼 이미지케이션

human imagication

현대인에게는 인간적인 이미지케이션 전략이 필요하다

숨 가쁘게 돌아가는 현대사회는 이미지케이션,
즉 '자기관리의 이미지메이킹과 인간관계에서 바람직한 소통 방식을 찾는 전략'이 필요한 시대다.
특히 사람 냄새 나는, 사람과 사람 사이에서 성공과 행복을 동시에
찾아가는 휴먼 이미지케이션이야말로 기계적으로 하루하루를 살아가는
현대인에게 반드시 필요하다. 휴먼 이미지케이션은 크게
'개개인에게 필요한 이미지케이션'과
'타인과의 소통에 필요한 이미지케이션'으로 구분된다.
또한 이미지케이션 자체를 연구하는
'메타 이미지케이션'도 포함된다.

휴먼 이미지케이션human imagication 이란

'휴먼 이미지케이션human imagication'은 이미지케이션 전략이 지향하는 바를 표현한 말로 '사람과 사람 사이의 진정한 소통'이라 할 수 있다.

휴먼 이미지케이션은 어려운 것이 아니다. 물론 통하는 관계를 위한 노력은 필수이지만 그 노력마저도 즐겁고 유쾌하며 관계를 더 발전시키고 싶은 생각이 들게끔 만드는 것이다. 휴먼 이미지케이션은 상대방과 관계를 맺을 때 자연스럽고 편안한 느낌을 주고받는다. 그렇기에 가식은 느껴지지 않는다. 가식적으로 행동하다보면 자신도 불편하고 상대도 속는다는 느낌이 들기 때문이다.

'세계화'니 '국제화'니 하는 용어가 낯설지 않은 것은 그만큼 전 세계인들의 관계가 많이 가까워지고 밀접해졌다는 증거다. 인종을 넘어

국가를 넘어 이제 지구촌 공동체가 되고 있는 현실에서 우리들의 이미지는 자신과 자신이 속한 조직과 타인, 더 나아가서 세계 사람들과도 소통될 수 있어야 한다. '너무 거창한 거 아니야' 하는 생각이 들겠지만 이 책을 덮을 때쯤이면 여러분의 생각은 많이 바뀌어 있을 것이다.

이미지self image는 외모가 전부가 아니다. 자신의 내면(능력, 태도, 신념, 믿음, 견해)과 외면, 자신을 둘러싼 모든 것(관계, 심지어 자신이 소유한 물건)까지도 자신의 이미지에 속한다. 휴먼 이미지케이션은 나를 위해서나 관계를 위해서나 꼭 필요한 것이다.

휴먼 이미지케이션에서는 자신의 이미지 관리image management가 기본이 되어야 하며 자신의 개혁과 자신의 비전을 지속적으로 달성할 수 있는 이미지케이션이 우선적으로 필요하다. 이 부분을 '아이드-이미지케이션'이라 한다. 아이드-이미지케이션은 정체성identity의 'Id'와 '이미지케이션'의 합성어로 Chapter 2에서 다룰 것이다. 또한 아이드-이미지케이션의 기초를 알고 나서 한 단계 더 나아가 신체 부위로 자신을 소통시키는 '바디-이미지케이션'을 Chapter 2 후반부에서 살펴보게 될 것이다.

휴먼 이미지케이션은 개개인에게 필요하기도 하지만 관계를 발전시켜 나갈 때도 필요하다. 그러므로 Chapter 3에서는 관계를 유지하고 소통하는 방법을 다루었다. 타인과의 관계를 이미지케이션한다는 의미로 '관계relationship'의 're'와 이미지케이션을 합쳐서 '리-이미지케이션'이라 명명했다. 리-이미지케이션의 기본 전략과 실천 기술은 Chapter 3에서 자세히 다룬다.

휴먼 이미지케이션은 여러분의 삶을 더욱 풍성하게 만들어줄 것이다. 또한 휴먼 이미지케이션으로 따뜻하게 변한 자신을 발견할 수 있다. 뿐만 아니라 직장에서 가정에서 시원한 성격으로 소통을 일으키는 자신을 보며 신기함을 느끼게 될 것이다. 휴먼 이미지케이션은 일종의 마법을 일으킬 것이고 개인은 새로운 '이미지씨'로 재탄생하게 된다(여기서의 '이미지씨'란 프롤로그에서도 설명했듯이 '마법에 의해 새롭게 변화된 ○○ 씨'라는 개념이다). 나아가 서로가 서로에게 긍정적인 이미지케이션을 할 수 있는 '이미지메이트'로 발전하게 된다.

우선 여기서는 휴먼 이미지케이션을 위한 전제조건부터 알아보고자 한다. 그다음으론 가장 역동적인 연령층인 2030세대에게 필요한 휴먼 이미지케이션을 소개할 것이다. 마지막으론 사람 냄새 나는 사람, 그야말로 '맛있는 사람'('맛깔 나는 사람')으로 바뀌는 휴먼 이미지케이션의 요소들을 음식과 식재료를 통해 구체적으로 언급하고자 한다.

• 휴먼 이미지케이션은 사람과 사람 사이의 소통이다.

_ 진정 통한다는 것은

우리 삶에 정말 없어서는 안 될 것들은 눈에 보이지 않는다. 행복이 보이는가? 사랑이 보이는가? 생각이 보이는가? 마음은? 배려는? 믿음은? 그러나 이처럼 보이지 않는 것들은 보이는 것보다 훨씬 중요한 가치를 지니고 있다.

개인의 이미지는 상대에게 통해야 진정한 의미를 가진다. 진정 통한다는 것은 상대의 마음과 내 마음이 연결되어 있는 걸 느끼는 것이다. 즉 서로 보이지 않는 믿음으로 교류하고 있는 것이다. 이미지케이션은 나 자신과 통하고 상대와 자신이 속한 조직과 나라, 심지어 세계까지 통할 수 있어야 한다.

미국 최초의 흑인 국무장관 콜린 파월Colin Powell은 1989년 합참의장에 임명되어 레이건, 부시, 클린턴 대통령을 연이어 보좌했다. 국방부 차관이었던 폴 월포위츠는 "파월은 훌륭한 정치인이 갖추어야 할 기술, 즉 국민과 소통하는 교신 기술을 터득하고 있다"고 했다. 소통하는 기술이 있었기에 콜린 파월은 대통령이 바뀌어도 계속 일할 수 있었던 것이다.

《삼국지》에 나오는 많은 인물 중 특히 유비는 가장 많은 인재를 자신의 곁에 두었다. 제갈공명, 관우, 장비, 조자룡 같은 굵직굵직한 인물들이 유비 앞에만 오면 적대감을 풀고 마음을 열었다고 한다. 즉 유비는 상대의 마음을 여는 힘을 가지고 있었기에 천하를 통일할 수 있었던 것이다.

현대사회에서는 대기업이건 중소기업이건 사원들의 마음을 열 수 있는 사람만이 롱런하는 CEO가 될 수 있다. 알고 보면 기업도 사람이 근간이기 때문이다.

상대와 소통한다는 것은 상대의 마음을 얻는 것이다.

'함께'라는 단어는 얼마나 아름다운가? 서로 화합하고 협력하는 모습을 떠올려보자. "난 너와 함께 있으면 제일 좋아!"라는 연인 간의 대화는 아름답기까지 하다. 또한 동료들과 함께 추진해온 프로젝트의 성공도 혼자의 힘으로는 이루어지지 않는다. "우리 함께 어려운 이웃을 도웁시다"에서도 작지만 그래도 함께 동참하는 아름다운 선행이 전개된다.

4대 은행장의 리더십을 소개한 신문기사를 읽은 적이 있는데, 한 은행장은 선임된 후 100일간 직원들과 아침 점심을 함께하며 전체 직원의 25%를 직접 만나고 직원 경조사까지 직접 챙겼다고 한다. 그 은행장은 왜 자신이 하지 않아도 되는 일을 직접 챙겼을까? 직접 가서 묻진 못했지만 아마도 직원들을 직접 대면하고 알아야 더 잘 통할 수 있으리라는 믿음의 자기 이미지를 직원들과 통하고 싶어서였을 것이다. 그는 직원과 잘 통할 수 있을 때 기업의 이윤뿐만 아니라 직원들의 사기도 고취될 수 있다는 신념에 그런 행동을 했을 것이다.

2007년에 가수 유니가 저세상으로 간 뒤 탤런트 정다빈이 그 뒤를 따랐다. 유니의 뮤직비디오를 본 적이 있는 데 정말 아름다운 바디라인을 가진 연예인이었다. 선정적인 의상과 섹시한 안무가 유달리 튀어 보였지만 어딘지 모르게 안쓰러워 보이기도 했다. 기획사측에서 그녀의 이미지를 그런 식으로―과장한 섹시―몰고 가는 걸 견디기 어려웠다는 내용이 담긴 유서가 나왔다는 인터넷 기사를 읽은 기억도 난다. 죽음을 택할 수밖에 없었던 이유 중의 하나도 세상에 보이는 이미지와 자신이 생각하는 이미지가 달라 갈등이 컸기 때문일 수도 있다. 정다빈은 늘 생글생글 웃는 모습이 예쁜, 보기만 해도 사랑스러운 연예인이었다. 그러나 그 이미지는 텔레비전에 비친 이미지일 뿐 정

작 자신은 건강한 정체성을 찾지 못하고 흔들리다 사회적 고립감social isolation에 힘들어하며 짧은 생을 마감했다.

이미지케이션은 자신의 이미지self image를 소통communication하는 것이다. 진정 서로 통할 수 있다면 행복과 사랑, 믿음, 고무, 성과 등 우리가 삶에서 추구하는 것들은 자연스럽게 따라온다. 다시 말해 서로 원원win-win하는 관계를 만들어낼 수 있다.

흔히 말만 앞서는 사람을 두고 사람들은 "말은 잘해요!" 라고 쏘아

붙인다. 이건 제대로 된 이미지케이션이 아니다. 윈윈이 아니라 혼자서 지키지도 못할 약속을 허공에 흩뿌리기만 하는 것이다. 말과 마음과 행동이 일치할 때 진정으로 상대에게 통할 수 있다. 말만으로 통할 수 있다는 건 얄팍한 생각이다. 정치인이 그래서 힘든 것이다. 여러 가지 공약을 내걸지만 그 말이 지켜지지 않을 때 국민들의 원망은 커진다.

이미지케이션은 어려운 것이 아니다. 자신이 가진 이미지에 상대를 향한 사랑과 관심, 긍정적인 생각과 센스를 발휘한다면 얼마든지 원하는 관계와 추구하고자 하는 목적을 달성할 수 있다.

진정 통한다는 것은 자아의 정체성도 건강하고, 나와 상대 모두 기쁘며 서로 감사해한다. 편안한 교류가 가능해지고 일에서도 좋은 결과를 가져온다. 그것이 바로 이미지케이션이 추구하는 것이다.

_ 그럼 '나 self image' 부터 알아야지

작가 시드니 해리스는 "자신을 편하게 느끼지 못하는 사람은 남들과도 편하게 지내지 못한다"고 했다.

그렇다면 왜 나부터 알아야 하는 것일까? 나 self image 는 세상에 대한 이해와 해석을 하는 핵이기 때문이다. 그런데 사람들은 자기중심적 egocentric outlook 으로 세상을 재해석한다. 자신이 보고 경험하는 것이 주관적임에도 불구하고 상당히 객관적이라고 생각한다. 까만색 선글

라스를 쓴 사람은 세상이 까맣다는 인식을 한다. 반면 연한 스카이 블루 선글라스를 쓴 사람은 세상이 온통 파랗다고 인식해버리는데, 자기가 보고 경험한 것이 객관적이라고 생각하기에 그런 것이다. 이런 인식의 차이로 자신이 소중하다고 느끼는 것은 남도 그러할 것이라 생각하며 나름대로 세상에 대한 잣대를 형성한다.

자아 이미지self image는, 한 사람을 그 사람이게끔 하는 정체성identity의 핵심이다. 이미지케이션을 위해서는 먼저 자신의 정체성을 확실히 하여 자기 자신과 소통할 수 있어야 한다.

진정한 자신과 소통이 되지 않는데 다른 사람 비위만 맞추는 것은 거짓이다. 그러다 보면 혼자 있을 때 침울해질 수밖에 없다. 그래서 이 책 Chapter 2에서는 아예 '아이드Id-이미지케이션'이라 하여 자신의 정체성을 어떻게 소통해야 할지에 대한 구체적인 방법을 다룰 것이다.

내가 속한 조직에서도 나는 가장 중요한 인물이다. 지금 다니고 있는 직장이 문을 닫을 경우(그런 일이 없길 바라지만) 가장 먼저 자신을 걱정하지, 사장님과 상사부터 걱정하는 사람은 아무도 없다. 우선 '나는 어떡하지?'라는 생각이 가장 먼저 밀려온다. 즉 내가 이 세상의 중심이 된다고 생각한다.

자기self 개념은 심리학자 윌리엄 제임스의 《심리학 원리》에서 처음 소개되었다. 제임스는 자기를 "자신의 것으로 부를 수 있는 모든 것의 총합"으로 정의하였다. 제임스는 '물질적 자기material self, 사회적 자기social self, 정신적 자기spiritual self, 순수 자아pure ego'의 네 가지까지 포함된 개념을 '자기'로 보았다.

물질적 자기는 그 가장 중심부에 신체가 위치하고 그다음에 의복, 가족, 집, 소유물 등이 차례로 포함된다. 즉 내가 아끼는 물건—예를 들어 음반, 책, 수집품—까지도 자기의 한 부분으로 작용한다는 것이다. 사회적 자기는 사회적으로 관계를 맺고 있는 자기를 말하며 정신적 자기는 능력, 태도, 신념과 같은 것들이 해당된다.

자기는 나와 다른 사람을 구분 짓는 중요한 잣대가 되고 또 사회를 떠나서도 자기는 성립될 수 없다. 그래서 이미지케이션을 위해선 자기 이미지self image에 대해 먼저 알아야 한다. 성경에선 하느님의 형상대로 인간이 창조되었다고 말하고 있다. 이 세상에 하나밖에 없는 소중한 자신의 정체성에 대한 인식은 타인과 관계를 맺기 이전에 꼭 생각해봐야 할 중요한 과제다.

_ 상대를 인정하기

내가 철들기 전(지금도 철이 든 건지는 확신이 서지 않지만) 나쁜 점을 꼽으라면 "저 사람은 왜 저래? 참 이해할 수 없다"고 단정 짓는 것이었다. 그러나 나이가 들면서 "아! 저 사람은 이렇구나. 그래, 이렇게 나올 수도 있는 거지"라는 생각을 점점 가지게 되었다.

이미지케이션을 하기 위한 전제 조건이 뭐냐고 묻는다면 상대를 인정하는 것이라고 말하고 싶다. 자신의 틀 안에서만 상대를 속단하여

• 이미지케이션의 전제 조건은 상대를 인정하는 것이다.

무 자르듯이 관계를 맺는 위험한 일은 이제 정말 지양해야 되는데 사람들은 그 부분이 잘 안 된다. 물론 힘든 일이다. 사람은 누구나 이기적인 존재이기에…….

한 기업의 CEO라면 직원을 인정해주어야 한다. 한 조직의 상사라면 부하직원의 틀을 인정하고 다듬어줄 수 있어야 한다. 가정의 부모라면 자녀들의 틀을 형성하는 데 본이 되어야 하고 자녀들을 진실로 이해해줄 수 있어야 한다. 자녀들도 나이를 먹어 가면서 부모를 생각하고 존중해줘야 한다. 연인 사이라면 서로의 아픈 상처나 과거를 할

CHECK POINT!

이미지케이션은 상대의 마음을 얻는 것으로 자신의 이미지self image를 소통communication하는 것이다. 진정 서로 통할 수 있다면 행복과 사랑, 믿음, 용기, 성과 등 우리가 삶에서 추구하는 것들은 자연스럽게 따라온다. 다시 말해 서로 윈윈win-win하는 관계를 만들어낼 수 있다. 원활한 이미지케이션을 위해서는 먼저 자신의 정체성을 확실히 해야 한다. 타인과의 커뮤니케이션은 상대를 인정하는 것에서 시작한다. 그러나 자신에 대해 확신이 없는 사람은 타인 역시 좁은 자신만의 잣대로 판단하는 우를 범하기 쉽다. 내가 바로 서고 자기 자신과 진정한 소통이 이루어졌을 때 비로소 타인의 있는 그대로를 받아들이고 인정하게 된다. 나를 제외한 사람들을 있는 그대로 인정할 때 이미지케이션은 이미 반 이상 성공한 것이다.

이미지케이션으로 몸값을 올려라

퀴지 않고 보듬어줄 수 있어야 한다. 어떤 관계에서건 상대방을 인정하고 존중하고 배려하는 데서 이미지케이션은 출발한다.

상대를 인정하는 것만으로도 이미지케이션은 이미 반은 끝난 것이다.

자! 지금부터 우리 주변의 사람부터 '저 사람은 왜 그럴까?' 라는 생각에서 '저 사람이 저럴 수도 있겠구나' 라는 생각으로 바꿔보는 건 어떨까? 훨씬 세상이 여유롭고 재밌게 느껴질 것이다.

2030에게 필요한 휴먼 이미지케이션

이 사회에서 가장 역동적으로 사는 연령층은 2030세대다. 갓 성인이 되어 대학이나 직장에서 젊은 열정을 불태우다가 점차 경험이 붙고 사회생활에 익숙해지면서 큰일을 할 수 있는 능력을 갖추게 되는 나이가 20대부터 30대까지고, 아직 40대가 되지 않았으니 체력도 그럭저럭 괜찮다. 사회의 패러다임은 자꾸 젊어지고 있다. 연륜도 중요하지만 젊음의 패기와 열정을 요구하고 있는 것이다.

요즘 20대는 다른 어떤 세대보다도 더 정신을 바짝 차려야 한다. '내 성공은 마흔 이후부터' 같이 안일한 생각은 아예 보기 싫은 사진을 태워버리듯 태워 없애야 한다. 온 세대를 통틀어 '열정'이라는 가슴 뛰는 단어가 가장 잘 어울리는 세대가 바로 20대가 아닌가. 20대는 이 열정을 터보엔진 삼아 자신의 커리어를 향상시키고 관계를 소중히 여기는 멋진 젊은이들로 그들의 이미지를 향상시켜야 한다. 또한 젊음이 아름다운 만큼 자신의 외모에 대한 관리도 필요하다.

청년과 중년의 사이에서 자신의 능력을 극대화하고 자신감을 잃지 않으며 서서히 제2의 인생을 준비해야 할 장년층인 30대에게 있어서 가장 중요한 것은 '자기관리'와 '미래 대비'일 것이다.

그래서 의욕과 체력이 서로를 도울 수 있는 가장 최상의 시기, 어떤 일을 하든 성공 확률이 가장 높은 시기인 2030세대에게는 자신의 존재감을 확고히 심어주면서 상대와 인간적으로 소통해 큰 꿈을 현실로 만들 수 있는 휴먼 이미지케이션 능력을 터득하는 것이 매우 중요하다. 이 능력을 갖추게 되면 어떤 상황에 놓이더라도 자신감 있게 헤쳐 나갈 수 있을 것이고 결국 인간미 넘치는 성공 인생을 누릴 수 있게 될 것이다.

이번에는 2030세대가 사회생활을 하게 되는 몇 가지 과정—취직 전의 백수 생활에서부터 구직자의 필수 코스인 면접, 취직 이후의 직장생활 전반—에 걸쳐 필요한 이미지케이션 전략을 소개하고자 한다. 잘 읽고 활용하면 여러분의 삶에, 바로 지금 멋진 변화가 시작될 것이다.

_ '축 늘어진 백수'를 '멋진 백수'로 바꾸는 이미지케이션 전략

"20대가 가장 아름답다"고 하면서도 '다시 그때로 돌아가고 싶냐'고 물으면 "절대로 돌아가고 싶지 않다"는 대답들을 많이 하는 걸 보면 20대는 인생에서 가장 아이러니한 시기이기도 하다.

청년실업 100만이라는 경이(?)로운 숫자는 이미 청년들의 마음을 무겁게 짓누르고 있고 그 100만을 둘러싼 가족들의 마음고생 역시 크다. 이 꿈 저 꿈도 필요 없이 그저 '첫째도 안정, 둘째도 안정'을 외치며 공무원 시험에 올인 하는 사람들도 많다. 노량진 고시학원의 대형 강의실이 빈자리가 없을 만큼 꽉 메워진 현실은 불안한 미래를 보여주는 단상이다. 마냥 부모님만 바라보는 '캥거루족'도 많다고 하니 젊은이들이 얼마나 힘들까라는 생각에 안쓰럽기까지 하다.

그나마 취업하는 청년들은 그래도 축복받은 것이지만 여전히 안심할 수 있는 상황은 아니다. 비정규직이 18%를 차지하고 있기 때문이다. 이런 상황에 놓인 20대여, 이제 백수인 자신의 처지를 부끄러워하거나 현실에서 도피하는 것이 아니라 이 시기를 멋지게 보낼 수 있는 방법도 생각해봐야 할 때다. 물론 이 말은 '이 시기를 멋지게 탕진하라'는 뜻이 아니고, 더 나은 삶을 준비하는 시기로 생각해보자는 것이다.

자! 그렇다면 '축 늘어진 백수'를 '멋진 백수'로 확 바꿔주는 이미지케이션 전략에 대해 알아보자.

1. 오늘의 계획은 전날 밤에 미리 세운다.

이 시기를 멋지게 보낼 수 있으려면 우선 시간을 알차게 보낼 수 있어야 한다. 어떤 일을 하든지 누굴 만나든지 일단 수첩이나 다이어리에 적어놓는 습관을 들인다. 펜을 들고 끄적거리다 보면 자신이 해야할 일이 새로이 생각나기 마련이다. 또한 취업이 왜 안 되는지 계속 생각하다보면 부족한 점을 보완할 구체적인 방법이 떠오르기도 한다. 이 시기만큼은 하루하루를 어떻게 보내는지가 미래 계획을 거창하게 세우는 것보다 중요하다.

백수 시절에 눈부신 오전을 맞이할 때의 비참함은 한 번쯤은 다 경험해봤을 것이다. 아침과 점심 사이인 '아점' (미국식으로 말하면 거창하게 '브런치'가 되겠지만)을 먹고 어슬렁거리다 보면 벌써 오후가 된다. 비슷한 처지에 있는 친구를 만나 자신의 신세와 사회 구조를 탓하다 슬퍼져 술자리를 하게 된다. 그러다 밤늦게 집에 돌아와 부모님께 잔소리를 듣고 더 슬퍼져 화를 버럭 내다 또 새벽 한두 시까지 인터넷을 검색한 후 잠자리에 들기를 반복한다. 이런 젊은이에겐 기회가 자주 생기지 않는다. 그러니 일단 계획을 항상 전날에 세워놓자. 당일 아침에 세우는 것보다 훨씬 많은 도움을 얻을 수 있을 것이다.

2. 처지가 비슷한 친구보다 선배나 연상을 만나는 것이 경제 사정이나 앞으로의 인생에 많은 도움을 준다.

경제적으로 넉넉한 소수를 제외하고는 대부분 궁핍하게 보낼 시기다. 아르바이트를 하지 않고 부모님에게 용돈을 타는 경우에는 용돈을 받을 때 쥐구멍이라도 들어가고 싶은 심정일 것이다. 상황도 이런데 처지가 비슷한 친구를 만나서 서로 돈을 쓰다 보면 그나마 있던 주머니 상황도 팍팍해진다.

자! 이때는 좀 더 뻔뻔해지자. 잘 나가는 선배와 약속을 잡자. 그러면 조언도 듣고 맛있는 것도 얻어먹으면서 기반을 잡을 수 있었던 방법도 익힐 수 있다. 취업하기 위한 정보를 캐묻는 것이다. 입사하고 싶은 곳이 있다면 선배의 인맥까지 동원해 정보를 캐내려는 필사적인 노력이 필요하다. 영양가 있고 그럴싸한 식사를 얻어먹으면 "선배님 도움으로 취직이 되면 첫 월급 타서 제가 한 턱 내겠습니다"라며 약간의 '뻔뻔&감사' 하는 태도를 보이면 된다.

"만남 속에 답이 있다"는 말은 괜히 나온 말이 아니다. 한국처럼 지연, 학연을 중시하는 풍토에서 관계를 소중히 가꿔 나가는 노력은 20대부터 시작해야 한다. 집안에 가만히 있다고 상황이 나아지진 않는다. 부지런히 도움을 받을 사람을 찾아 다녀야 한다.

3. 관심이 가는 분야를 정해놓고 전력을 다해 배운다든지 흥미 있는 한 가지 물건을 완전 분해해 요리조리 살펴보는 습관을 기른다.

온 힘으로 매진할 공부는 역시 영어다. 아직도 헤드헌터들은 고급 영어를 완벽하게 구사하는 인재가 부족하다고 입을 모은다. 영어의 능력에 따라 연봉까지도 달라질 수 있다고 한다. 그러니 이 시간을 영어로 메우는 것은 매우 값지다고 할 수 있다.

BMW그룹 코리아 김효준 사장은 집안 형편 때문에 상업고등학교를 졸업한 것이 전부였지만 이에 굴하지 않고 상황에 맞는 영어 대화를 무조건 외웠다고 한다. 그 결과 유창한 영어 실력을 갖게 되었다. '영어 실력은 각종 경영 서적을 섭렵하고 관련 분야 지식이 뒷받침될 때 상승할 수 있다'고 김 사장은 강조한다.

삼성전자 이건희 회장은 미국 유학 시절에 자동차를 직접 분해하고 조립해보며 차의 모든 것을 알아내려는 노력을 했다고 한다. 예를 들면 '나는 문과생이니 기계 쪽이나 숫자는 쳐다보지 않아도 된다'는 발상은 성공의 발판을 올라가다가도 스스로를 한계에 부딪치게 한다. 마찬가지로 이공계 학과의 학생이라면 책과 영화, 스포츠, 음악 등의 취미를 가지는 것도 미래에 간접적인 도움을 받게 된다. 애플을 창업한 스티브 잡스도 대학을 그만둔 뒤 1년 동안 서예를 배웠는데, 후일 매킨토시 컴퓨터의 주요 부분인 다양한 서체를 만드는 데 중요한 발판이 되었다. 스티브 잡스는 그만의 미래를 20대부터 준비하고 있었던 것이다.

4. 꿈은 일단 크게 가져본다.

여러분의 꿈은 그 누구도 빼앗을 권한이 없고 빼앗을 수도 없다. 남들이 뭐라 해도 20대에 자기가 하고 싶은 일에 대한 큰 꿈과 바람이 없으면 생애에서 꿈을 꿀 수 있는 기회를 찾기 힘들다. 아무리 이태백이라는 말이 생길 정도로 어려운 사회 구조라 하더라도, 20대의 많은 젊은이들은 자신의 꿈을 포기하면 안 된다. 시류에 묻어가는 그저 그런 월급쟁이가 되겠다는 생각보다 더 구체적이고 더 생생한 꿈을 그려보는 것이 중요하다(물론 월급을 받고 열심히 일하며 자신의 직업에 보람을 느끼는, 대다수의 당당한 '월급쟁이'들은 멋지다. 여기서는 '원래 꿈은 샐러리맨이 아닌데 형편상 대충 샐러리맨이 되고 나중에 꿈을 생각해보겠다'는 안일한 사람들을 지적하는 것이다).

청년 시절 무척이나 가난했던 록펠러는 돈을 모아야겠다는 큰 꿈을 품었다. 그의 현실에서 그것은 허황된 꿈이었을지도 모른다. 그러나 꿈을 이루기 위해 열심히 노력한 그는 결국 53세가 되었을 때, 세계에서 제일 많은 부를 축적할 수 있었다.

20대의 젊은이라면 지하철이나 버스 안에서 혹은 걸을 때도 자신의 꿈을 생각해봐야 한다. 당장은 자신이 초라하게 느껴지고 아무 힘도 없는 것 같아 막막하게 느껴지더라도 너무 조급해하지 말자. 20대 때 품었던 원대한 꿈은 시간이 지나면 언젠가는 활짝 펼쳐질 수 있기 때문이다. 젊은이들은 취직을 못해서 불행한 것보다 꿈이 없다는 것에 더 많은 반성을 해야 한다. 즉 "돈을 벌고 싶다"는 막연한 생각에서 벗어나서 "나는 이 일을 하면 잠을 자지 않아도 행복하고 돈을 조금 줘도 만족할 수 있다"고 생각하는 일을 해야 한다. 그것이야말로 자신이 좋아하는 일이며 자신이 잘할 수 있는 일이다.

곧바로 승승장구하는 축복받은 젊은이보다 20대 때 치열하게 실패하고 고뇌하고 부딪쳐본 백수의 경험이 있는 젊은이들이 인생을 더 값지게 살아갈 수 있다. 이제 자포자기와 타협에 익숙한 '축 늘어진 백수'에서 벗어나자. 여기서 제시한 이미지케이션 전략을 활용, 이왕

이미지케이션으로 무엇을 올려라

이면 백수 생활도 자신의 능력을 기르고 꿈을 이루기 위한 시간으로 만들자. 2030 백수 여러분(30대 백수들도 요즘은 많으니까), 힘내세요!

_ 성공적인 면접을 위한 이미지케이션 전략

이제 면접은 20대의 전유물이 아니다. 청장년 실업자들이 워낙 많아졌기 때문이다. 2030 백수들에게 면접은 직업인으로서의 인생에 첫발을 들여놓게 되는 관문이다. 2030 이직 희망자들에게도 면접은 새로운 도전의 시작이라 할 수 있다.

어쨌든 면접을 보는 이상 성공적인 결과를 얻어야 한다. 우선 여러분이 면접관이 되었다고 생각해보자. '내가 면접관이라면 지원자의 어떤 점을 보겠는가' 를 생각해보는 것이야말로 성공적인 면접을 준비하는 데 많은 도움을 준다. 면접관이라면 지원자의 활동성, 가치관, 태도, 논리력, 팀 프로젝트를 통한 과제해결능력, 재치 같은 것들을 보게 될 것이다.

보통 면접은 지원자와 면접관이 1:1로 진행되는 개인면접이 있고, 3명에서 5명의 면접관이 1명의 지원자에게 질문을 던지는 단체면접이 있다. 개인면접은 시간이 많이 걸리는 단점이 있어 요즘은 단체면접을 선호한다.

면접을 준비하는 이들이 명심해야 할 것은 '면접은 면접관의 입장에서는 떨어뜨리는 작업' 이라는 인식에서 출발해야 한다는 것이다. '인원은 턱도 없이 적게 뽑는데 지원자가 많다면 더더욱 곤란한 질문을 퍼붓기 마련'이라는 생각을 가지고 단단히 준비하고 도전하자.

돈이 안 드는 가장 좋은 면접 준비 방법은, 5명 정도의 그룹을 짜서 면접 시 나올만한 질문을 100개 이상 뽑아보는 것이다. 서로 문제를 내는 것도 좋다. 돌아가면서 한 명씩 앞에 나와 있으면 질문을 퍼붓는 연습을 해봐야 한다. 당황도 해봐야 실전에서 그 당혹스러움을 감당해낼 수 있기에 더더욱 연습이 필요하다. 질문을 하는 사람은 면접관의 입장에서 날카롭게 질문하고 또한 지원자가 더 좋은 답을 하도록 서로 피드백하는 과정을 거친다면 많은 도움을 얻을 것이다. 물론 혼자서 그 많은 질문을 만들고 대답하는 방법도 있다. 그러나 시간이 몇 배가 더 걸릴 수 있고 즉각적인 피드백이 어렵다.

요즘은 집단 토론의 면접방법도 등장하고 있다. 지원자의 태도를 보는 것인데 이때 독불장군 식으로 모든 과제나 대화를 주도하다간 낭패를 볼 수 있다. 이때는 다른 지원자의 의견도 존중하되 나만의 아이디어를 적절히 내보이는 것이 면접관에게 좋은 점수를 받을 수 있다.

또한 자신이 한 일에 초점을 맞춰 열거하는 것보다, 그 일에서 무엇을 느끼고 삶에 적용시켰는지를 논리적으로 풀어내는 연습도 많이 해야 한다.

그렇다면 면접을 볼 때 구체적으로 적용해 성공적인 결과를 이끌 수 있는 이미지케이션 전략에 대해 알아보자.

1. 복식호흡으로 긴장감을 이완시키자!

면접은 어느 누구나 떨리게 마련이다. 떨리지 않는다면 그 사람이 이상한 사람이다. 긴장감에 온몸이 떨려올 때 코로 숨을 깊게 들이마시고 입으로 조용히 길게 내뱉는 복식호흡을 면접장에 들어가기 전에 계속한다. 숨을 크게 쉬다 보면 어느새 안정을 찾게 돼 면접에도 편안하게 임할 수 있다.

2. 표정과 시선처리도 중요하다.

앨버트 메러비안도 시각 이미지를 형성하는 것 중 표정이 많은 부분을 차지한다고 했다. 무표정한 사람은 면접관에게 소극적이고 부정적인 사람으로 비춰지기 쉽다. 처음 인사를 한 뒤 자연스럽게 미소 짓는 얼굴은 누가 봐도 기분 좋다. 눈 근육과 입꼬리(구각)가 살짝 올라가면서 웃는 미소는 상대에게 호감을 준다는 건 익히 알려진 사실이다. 회사에서도 긍정적이고 호감을 주는 사원을 원할 것임은 두말 할 필요가 없다.

입 끝을 손가락으로 자꾸 올려주고 올린 그 느낌대로 정지해보는 연습이 필요하다. 거울을 볼 때도 뭐가 묻었나를 보는 개념이 아니라 거울 앞에서 한번 웃어 보는 연습이 필요하다. 입뿐만 아니라 눈썹에 힘을 빼고 눈도 같이 자연스럽게 웃어야 훨씬 더 보기 좋다. 또한 면접관이 여러 명이라고 해서 시선을 어디다 둬야 할지 몰라 고개를 푹 수그린 채 말한다면, 면접관은 당신이 아무리 실력을 갖췄다 할지라도 절대로 뽑지 않을 것이다.

면접 이미지 강의에서 있었던 일이다. 강의를 시작하기 전에 먼저 그들을 알아야 하기에 자기소개부터 부담 갖지 말고 한번 해보라고 했다. 근데 이게 웬 일? 15명 소규모로 이루어진 강의에서 앉아 있는 사람들과 눈을 마주친 사람은 단 한 사람도 없었다. 면접관이 질문을 하면 대답을 하늘에다 하든지 땅에다 하든지 했을 것이라는 생각이 드니 아찔했다. 면접관은 실력뿐 아니라 지원자의 태도도 본다. 왜냐하면 회사라는 공동체에서는 실력뿐 아니라 인간관계도 중요하기 때문이다.

그러나 면접을 볼 때 시종일관 웃기만 해도 안 된다. 자신의 의견을 진지하게 말할 때는 심각하고 진지한 표정으로 얘기해야 한다. 면접관이 회사 방침을 설명해줄 때 조건이 맞지 않는데도 시종일관 고개를 끄덕이며 웃는다면, 면접관은 회사 방침을 따르겠다는 암묵적 동의로 받아들일 수 있다. 그러므로 자신의 생각에 맞게 표정을 지을 줄 알아야 보다 효과적인 면접 이미지케이션 전략을 쓰는 것이라 하겠다.

3. 손을 자주 사용하지 말자!

면접을 볼 때 머리카락을 자꾸 쓸어 넘긴다든지, 손가락을 자주 움직이면 주의력이 산만한 사람으로 보일 수 있고 자신감도 없어 보인다. 또 떨리는 한쪽 팔을 다른 팔로 잡고 있는 것도 어색해 보인다. 몸이 편안한 상태에서 말을 해야 말도 꼬이지 않는다.

4. 힘 있는 목소리를 내자.

다른 사람들과 수다를 떨 때는 엄청 큰 소리로 떠들다가 정작 면접 자리에서는 불안정하고 웅얼거리는 작은 목소리로 말한다면 면접관에게 신뢰를 줄 수 없을 것이다. 또 말하는 걸 들어 보면 체격은 어른인데 아이처럼 말하는 이들도 있다. 직장 생활에서 그렇게 힘없는 목소리를 내다간 실력에 관계없이 부당한 대우를 받을 수 있다. 목소리가 힘이 없고 작은 편이라면 또박또박 말하는 습관이 중요하다. 매일 5분이라도 투자하여 소리 내어 글을 읽는 연습을 하자. 스스로에게 많은 도움이 될 것이다.

5. 심플한 의상과 단정한 헤어스타일, 가벼운 메이크업이 플러스가 된다!

면접을 보러 간답시고 지나치게 꼭 끼는 옷이나 헐렁헐렁한 옷, 캐주얼 같은 의상을 입고 간다면 마이너스가 될 수 있다. 의상은 여러분의 성격과 신분을 표현해주니, 면접 때만큼은 의상에 각별한 신경을 써주자. 더 들어가자면, 보수적인 기업에선 보수적으로, 개성과 창의성이 요구되는 직장이라면 세련되고 감각 있게 입는다.

예를 들면, 재질이 좋은 정장을 구입해서 자신에게 어울리는 색의 블라우스나 탑을 단정하게 받쳐 입는 것이 보다 전문성 있어 보인다. 정장은 여성이나 남성 모두 짙은 네이비나 블랙이 깔끔하고 지적으로 보인다. 여성이라면 자칫 단조로워 보일 수 있는 정장에 스카프를 사용하거나 화사한 블라우스를 선택하는 것도 좋은 방법이다. 그러나 장신구는 심플한 디자인으로 작은 것을 하는 것이 보다 깔끔해 보인다.

헤어스타일은 지나치게 밝은 색상의 염색을 피하고 단정해 보이도록 하는 것이 중요하다. 여성의 경우 머릿결이 좋다고 긴 머리를 그냥 풀고 가는 것도 피해야 한다.

또한 메이크업은 최대한 가볍게 하되, 립스틱 하나만 성의 없게 바르는 것보다는 아이 메이크업(아이새도, 아이라인, 마스카라까지 해준다)과 립 메이크업까지 하는 것이 좋다.

패션과 헤어스타일 및 메이크업에 세심하게 신경을 써서 면접관에게 '당당한 실력은 기본이고 외모도 관리할 줄 아는 사람'이라는 인상을 심어줄 수 있다면, 좋은 결과를 기대할 수 있을 것이다.

_ 직장생활을 성공적으로 만드는 이미지케이션 전략

세상은 빨라졌다. 가쁘게 숨을 몰아쉴 만큼 말이다. 어설프게 '내 목표를 몇 살까지 달성해야지'라고 느긋한 마음으로 기다리는 것은 곤란하다. 세상은 느긋하게 여러분을 기다려주지 않는다. 사회의 패러다임이 자꾸 젊어지다 보니, CEO의 연령도 낮아져 창의성을 가진 젊은 인재에게 파격적인 인사발령을 하는 경우도 많아졌다.

지금 잘 나간다고 현실에 안주하려는 안일한 생각은 20세기엔 통했을지도 모르지만 지금은 다르다. 현실에 만족하지 않고 꾸준히 새로운 아이디어를 구상하는 사람과 기업만이 자신의 미래를 제대로 그려 나갈 수 있다. 그런 끊임없는 노력을 뒷받침하는 것은 역시 '열정'이다.

이미지케이션으로 몸값을 올려라

온 세대를 뛰어넘어 '열정'이라는 가슴 뛰는 단어가 가장 잘 어울리는 세대가 바로 20대다. 그리고 그 열정과 냉정(침착함)을 결합시켜 '냉정과 열정 사이'에서 좀 더 노련하게 성공의 길을 찾는 세대가 바로 30대다. 20대 때는 열정만으로 뛰지만 30대는 노련하면서도 아직 열정을 잃지 않을 나이이기 때문이다. 그래서 2030세대는 '열정'이란 공통분모를 갖고 사회생활을 적극적으로 할 수 있다.

그렇다면 2030세대가 직장생활을 성공적으로 하기 위해 필요한 이미지케이션 전략에는 어떤 것이 있을까?

1. 별게 아니라고 느껴지는 일을 열심히 해보자.

처음 직장에 들어가면 상사들이 잡다한 업무를 시킬 것이다. 인턴사원은 말할 필요도 없다. 그러나 인턴사원이 되어 회사의 분위기와 현황을 알 수 있다는 것만으로도 축복으로 생각해야 한다. '상사가 왜 나를 알아주지 않는 걸까?'라는 자책감은 가질 필요가 없다. 직장에 이미 들어간 당신은 충분히 역량 있는 존재다. 정말 중요한 것은 '자신의 역량과 관계없고 하잘것없는 일을 시키더라도 재미있게 열심히 하는 태도'를 갖는 것이다(이미지엔 분명히 태도가 포함된다는 걸 이미 앞에서 설명한 바 있다).

여러분의 그럴싸한 태도를 훌륭하게 커뮤니케이션할 수 있는 방법 중의 하나는, '별일 아니라 해도 최선을 다해 보는 것'이다. 태도는 승진에도 지대한 영향을 미친다(물론 '그냥 직장생활 몇 년 하고 마는 거지, 뭐'라는 마음이라면 대충 해도 괜찮다).

별게 아닌 것(같아 보이지만 사실은 '별것')이 모여 큰 것을 해낼 수 있는 지혜가 쌓인다. 상사는 여러분의 능력도 높이 평가하겠지만, 그 능력을 감당할 수 있는 여러분의 진지한 태도를 분명 높이 평가할 것이다.

2. 이왕이면 꼭 하고 싶은 어려운 업무에 매달리고, 배움에 매진하자.

자기 이미지self image의 개념엔 능력까지도 포함된다. 세상에 능력 있는 존재로 인정받는 것도 이미지케이션의 훌륭한 방법이다. 인생에서 자기가 하고 싶은 일에 원 없이 매진할 수 있고 성취욕이 가장 큰 시기는 2030세대지만, 돈을 벌기 위해 그저 오늘을 살아가는 청장년들이 어렵거나 힘든 업무나 공부에 매달리는 청장년들보다 많은 게 현실이다. 소수의 2030들만이 주도적으로 자신의 인생과 미래를 창조해 나간다.

당장 돈을 버는 일을 구하는 것은 가능할 수도 있다. 하지만 비전이 없으면 쉽게 매너리즘에 빠지게 되어 그곳에서 오래 일하지 못하게 된다. 어쩌면 평생직장이 보장되는 안정된 곳에 있는 사람들일수록 그들만의 세계에 갇혀 안일하게 하루하루를 보내는지도 모른다. 요즘 평균수명은 100세라는데, 앞으로 펼쳐질 세계와 길고 긴 기회의 시간을 생각하면 가슴이 뛰지 않는가? 이때 자신이 하고 싶은 일에 기반을 다져 놓지 못하면 제2의 전성기는 우리 곁에 오지 않는다.

젊었을 때 두각을 나타내면 그 두각을 나타낸 분야와 맥락을 같이해서 더 큰 도약을 만들어내야 한다. 그러나 두각을 나타내고 도약을 하려면 다른 교육을 계속 받아 나가야 한다. 즉 자신에 대한 투자가 이루어지지 않으면 힘들다.

아무리 부인해도 우리나라는 학력사회다. 지금 학사 출신은 웬만한 곳에서는 명함을 못 내민다. 우리나라뿐 아니라 세계도 점점 고학력 사회로 가고 있다. 우리나라야 아직 그렇게 심하지 않지만 미국과 같은 경우 학사와 석사의 월급 차이는 크다. 박사 과정을 마친 사람들은 한결같이 말한다. 한 살이라도 젊을 때 공부하라고 말이다. 굳이 대학원이 아니더라도 자신의 직업과 소질을 개발할 수 있는 프로그램에 적극적으로 참여하는 것이 자기계발에 좋다.

강의를 하면서 느낀 점이 있는데 '자기 돈을 내고 배우는 사람은 적극적'이라는 것이다. 그렇다고 이들이 지식이 모자라서 배우는 것이 아니다. 오히려 자기 분야에서 인정받는 사람들이다. 이런 사람들 중엔 열정을 지닌 사람들이 확실히 많다. 반대로 그냥 강의를 듣게 된 사람들을 보면 열정이 느껴지지 않는다.

새로운 것을 배우다 보면 자신의 세계가 얼마나 편협했는가에 놀랄 것이다. 그리고 더 발전된 자신을 반드시 찾게 될 것이다. 어쩌면 배우는 사람이 더 배우고, 배우지 않는 사람이 더 안 배우는 '빈익빈 부익부 현상'이 교육에서도 이루어지는지 모르겠다.

아이러니한 것은, 젊었을 때 이 점을 깨닫는 사람은 많지 않다는 것이다. 또 적성에 맞게 전공을 살리는 사람도 많지 않다. 배움의 중요성은 아무리 강조해도 지나치지 않은데 말이다.

잊지 말아야 할 것이 있다. 자신의 이미지는 미인 선발대회처럼 한

번만 하면 끝나는 것이 아닌, 평생 아끼고 가꾸고 발전시켜야 하는 것이다. 그러다 보면 자신의 이미지는 한층 업그레이드될 것이고 주위 사람들에게 꼭 필요한 사람이 되어 있을 것이다.

3. 인맥도 신경 써라.

비즈니스계엔 '당신이 무엇을 알고 있느냐가 아니라 당신이 누구를 알고 있느냐가 더 중요하다'는 유명한 말이 있다. 이렇듯 인맥은 매우 중요하다. 대한민국같이 학연, 지연을 중시하는 나라에선 더더욱 말할 필요가 없다. 어쩌면 배우는 동기 중의 하나는 '인맥을 자연스럽게 형성하고 넓혀가는 것'일지도 모른다.

인터넷 카페의 오프라인 모임도 인맥을 넓히는 데 많은 도움이 된다. 또한 소위 마당발이라는 친구를 사귀는 것도 좋은 방법이다.

기존에 알고 있던 직장상사와 동료들과도 친한 유대관계를 맺는 것이 좋다. 이때 상사의 스타일을 알아내서 상사와 부딪치지 않게 최대한 조율을 해나가면 직장생활을 하는 데 많은 도움이 될 것이다. 상사와 마음이 맞는다면 그보다 더 일하기 좋은 직장도 없으니까.

또한 자신이 몸담고 싶은 분야의 존경하는 사람에게 정기적으로 연락을 하고 안부를 묻는 것도 좋은 방법이다.

그 외에도 많겠지만 2030 여러분이 이 세 가지만 열심히 하려고 노력해도 이미지케이션을 성공적으로 수행할 수 있을 것이다. 이에 대한 구체적인 방안은 Chapter 2와 Chapter 3에서 더 자세히 다루겠다.

CHECK POINT!

 꼬질꼬질한 백수 탈출 비법

• 내일의 계획을 오늘 세워라. 하는 일이 없다고 늘어지기만 하면 백수 탈출은 먼 미래의 일이다.

• 괜한 자격지심으로 비슷한 처지에 있는 사람들과만 어울리지 마라. 이왕이면 큰물에서 노는 것이 좋지 않은가. 때로는 뻔뻔해질 필요가 있다.

• 나만의 흥밋거리나 공부, 일을 찾아라. 이 상황을 피할 수 없다면 차라리 최대한 활용하라. 관심이 가고 몰두할 수 있는, 이른바 미칠 수 있는 나만의 것을 찾자.

• 부딪쳐 깨지더라도 꿈은 크게 가져라. 20대는 자신의 삶을 꾸려 나가기 위해 준비하고 계획하는 시기다. 지금 당장 출구가 보이지 않아 답답하겠지만 언젠가는 쥐구멍에도 볕들 날이 있을 것이다.

 면접 복장 완전 정복

남자의 경우 짙은 색의 기본 정장이 가장 무난하다. 그러나 지원 직종과 스타일에 따라 개성을 부각시키는 것도 좋은 방법이다. 너무 짙은 검정색은 자칫 무겁고 답답해 보일 수 있기에 되도록 피하는 것이 좋다. 푸른색이 가미된 감청색은 신뢰감을 주기 때문에 면접의상으로 가장 선호되며, 회색 계열은 세련되고 사교성 있는 느낌을 주고, 약한 줄무늬가 있는 정장은 날렵하고 정확해 보인다. 그렇지만 무늬가 강하게 들어간 수트는 촌스럽거나 가벼워 보일 수 있기 때문에 피하는 게 좋다. 셔츠는 흰색이나 베이지, 혹은 연한 블루를 받쳐 입고, 겉옷보다 밝은 색을 선택하는 것이 밝고 단정한 인상을 준다. 넥타이는 너무 튀지 않는 색으로 단색 줄무늬나 물

(계속)

방울무늬가 무난하다.

여성 지원자의 경우, 사무직이라면 성실하고 단정하게, 전문직이라면 감각적이고 개성 있게, 서비스직은 친근하고 호감 가는 스타일을 선택한다. 어떤 직종이든 장식이 요란하거나 깊게 파인 옷, 지나치게 몸에 붙는 의상은 면접 의상으로는 맞지 않다. 연한 화장에 베이지나 파스텔톤의 컬러, 회색이나 브라운색, 감청색 정장이 무난하고, 치마의 경우에는 무릎길이가 적당하다. 복잡한 장식보다는 심플한 라인의 정장이 세련돼 보이며 얼굴색을 돋보이게 하는 블라우스나 화사한 탑을 입는다. 긴 머리는 단정하게 묶고 요란한 액세서리는 피한다.

맛있는 사람으로 바뀌는 휴먼 이미지케이션

여러분은 어떤 음식이 맛있는가? 사람들마다 식성이 다르지만 대부분의 사람들은 이왕이면 맛있는 음식을 먹으려고 한다. 맛집으로 소개된 식당은 금세 북새통을 이루며 그 음식 하나를 먹기 위해 사람들이 줄을 서서 기다리기도 한다. 맛있는 음식은 자꾸 손이 가게 되고 머릿속에 깊게 자리 잡는다. 심지어 시장기가 도는 날엔 맛있는 음식의 맛과 향이 머릿속에 떠올라 시장기를 더욱 자극한다.

맛있는 음식처럼 사람도 맛있는 사람이 따로 있는 게 사실이다. 자신에게 주어진 일을 잘 해결하고 사람들에게 인정받고 동시에 관계를 소중히 여기는 사람이 있다. 이런 이가 바로 맛있는 사람이라 할 수 있다.

맛있는 사람은 사람들이 그와 같이 일하고 싶어 하고 자꾸 만나보고 싶어 한다. 자연히 맛있는 사람 곁엔 사람들이 많아지게 된다. 맛있는 사람들은 사람들에게 도움을 주고 긍정적인 자신의 에너지를 공유한다. 맛있는 음식은 단지 음식일 뿐이지만 사람이 맛있어지면 새로운 관계의 창조를 이끌어낼 수 있기에 그 파워는 비교할 수 없을 정도로 막강해진다.

아무도 여러분에게 한계를 만들어놓지 않았다. 그렇지만 우리는 그저 그런 매일 먹는 음식 같은 사람으로 하루하루를 보내고 있다. 스스로 한계를 지어 자신을 그저 그런 사람이라고 인식해버리기엔 우리에게 주어진 시간이 너무 아깝다. 나이, 과거, 습관 그 어떤 것도 여러분을 묶어둘 수는 없다. 조금씩 달라지고 점점 더 맛있어지자.

음식을 만들려면 먼저 식재료가 싱싱해야 한다. 사람으로 치자면 그 사람의 인격, 건강한 자아, 긍정적인 태도들이 식재료가 될 것이다. 맛있는 요리의 레시피를 알고 있어도 식재료가 상하면 맛있는 음식이 나올 수 없듯이 사람도 일단 인격과 긍정적인 태도, 열린 마음을 갖고 있어야 맛있는 사람의 준비 조건을 갖출 수 있다.

이제부터 다룰 휴먼 이미지케이션의 구체적인 전략들은 여러분을 맛있는 사람으로 변하게 도와줄 것이다. 여기에서는 휴먼 이미지케이션을 위한 여러 가지 요소를 음식 혹은 식재료를 통해 독창적으로 구성해보았다. 채소인 무에서 '융화', 오이지무침에서 '주관', 밥에선 '존재감', 청량음료에선 '시원함', 치즈 케이크에선 '부드러움', 김치에서 '우정', 꽃등심에선 '고급스러움', 물냉면 육수에선 '인내', 임연수어 구이에서 '나눔'을 추출했다.

_ 무 같은 사람 되기 : 융화

아침에 일어나 마땅한 국거리가 생각나지 않아 냉장고를 뒤적거리다가 찾은 무를 나박나박 썰어 북어를 넣고 끓이면 그렇게 시원할 수가 없다.

보통 깊은 맛을 내는 국물을 우릴 때 무가 들어가지 않으면 시원한 맛이 나지 않는다. 대형 식당에서 펄펄 끓고 있는 솥치고 큼지막한 무가 안 들어간 데는 없다. 심지어 포장마차의 어묵통에도 무가 제 색까지 바래가며 국물 맛을 내고 있다.

김장김치 사이사이 큼지막하게 썬 무도 한참이 지난 뒤 꺼내 먹으면 기가 막힌 별미다.

갈치나 고등어, 북어 같은 생선 조림에도 무를 넣고 조려야 훨씬 감칠맛이 난다. 생선보다 무 조림을 더 좋아하는 사람들도 많다. 갈비찜을 만들 때도 갈비를 무와 함께 넣어 푹 익힌 후 양념을 해야 갈비가 더 연해지고 양념이 잘 밴다고 한다. 무는 국물 맛도 좋게 하지만 고기까지 연하게 만드는 만능 채소인가 보다.

설렁탕에 깍두기가 없으면 무슨 맛에 먹을까?

또 냉면에 무김치가 없으면 무슨 맛으로 먹을까?

이런 무를 보면서 맛있는 사람으로 바뀔 수 있는 많은 요소 중에서 '융화' 라는 단어와 연결해본다. 어떤 모임에 나가든지 융화력 좋은 사람 한 명이 모임에 나온 모든 사람을 챙겨주고 모임의 분위기를 편하게 이끈다.

이 사람도 편하게 해주고 저 사람도 편하게 해줘서 모임에 참여한 사람 모두에게 모임에 참석하기를 잘했다는 기분 좋은 느낌이 들도록 만들어주는 사람이 약방의 감초처럼 꼭 있다. 집안에서도 지금이야 자녀가 한두 명이라지만 셋만 돼도 부모들과 형제간의 분위기를 조화시키는 효자, 효녀 한 명은 분명히 존재한다. 부모님이 화가 난 것 같으면 옆으로 다가가서 애교를 떨어 화를 풀어주는 자식 말이다.

'융화' 라는 단어로 사전을 찾아보니 '서로 어울려 화목하게 됨' 이란다. 어울리기도 힘들 판에 화목해지는 것이니 얼마나 멋진 단어인가? 동양 문화에선 '나' 보다 '우리' 가 더 강조된다. '개인' 보다 '사회성' 이 더 중요하게 여겨진다. 즉 개인적 자아personal self보다 사회적 맥락social context 안에서의 자아가 더 강조되는 것이다. 이런 우리나라 문화에서 특히 필요한 점이 바로 융화력이다. 융화력 있는 한 사람으로 인해 조직이 일할 맛 나게 될 수 있으니, 이런 사람에겐 월급을 갑절로 준다든지 보너스를 인상해야 하지 않을까.

아무 음식에 들어가도 음식의 깊은 맛을 더해주고 부드럽게 조화를 이루는 무라는 채소야말로 사람으로 치자면 융화력이 끝내주는 사람일 것이다.

제아무리 잘나도 이제는 사회지능SQ: Social Quotient이 높아야 사회에서 성공과 행복을 얻을 수 있다.

　지금 상황이 본인의 맘엔 썩 들지 않지만 자신의 미래와 비전을 내다보고 지금 오늘을 붙잡으려는 "carpe diem(현재를 잡아라)" 정신과 더불어 나뿐만 아니라 남을 배려하고 조직에 융화할 수 있는 사람이야말로 맛있는 사람으로 바뀌는 이미지케이션을 제대로 하고 있는 사

람일 것이다.

'융화'는 관계를 발전시켜 나가는 리-이미지케이션의 중요한 요소다(Chapter 3에서도 '융화'에 대해 언급할 것이다).

_ 맛있는 오이지무침 같은 사람 되기 : 주관

잘 삭은 오이지를 보고 있으면 입이 '쩐다'고 해야 하나? 그냥 눈길이 절로 돌아간다.

그러나 오이지가 알맞게 숙성돼 짠기를 꼭 짜내고 갖은 양념을 해 무치면 한여름 입맛 없을 땐 더할 나위 없는 별미로 변신한다. 물기를 꼭 짜냈을 때 오이지는 꼬들꼬들해진다. 이런 오이의 변신을 보면 주관 있는 사람이 연상된다.

'주관'은 이미지케이션에서 내면의 이미지에 포함될 수 있는 신념과도 일맥상통하는 요소이다. 주관을 갖고 행동하는 것 자체가 자신의 정체성과 소통하고 있다는 증거이기도 하다.

동양에선 줏대 없이 이리저리 마음을 못 잡는 사람을 특히 경계했다.

CEO도 세계화의 흐름을 읽고 자기의 주관을 접목시켜야 기업을 살릴 수 있다. 능력 있는 참모가 옆에서 아무리 많은 조언을 해도 결국 결정을 내리는 이는 CEO 자신이다. 각 개인도 주관이 있는 사람은 다른 사람의 말에 혹하지 않고 묵묵히 자신이 하고자 하는 일을 하나씩 하나씩 이뤄 나간다. 결국 자신의 주관을 갖는 사람만이 목표를 성취

할 수 있는 것이다.

《삼국지》에서 조조의 군병들이 따라오자 유비의 신하들은 난민들을 버린 채 피신하자고 한다. 그러나 유비는 백성이 근본이라는 주관을 갖고 백성을 버리지 않았다. 그의 참모진은 애가 탔겠지만 유비의 꼿꼿한 주관이 결국 모두를 살렸다.

일본 도요타 자동차의 창업자 도요타 기이치로가 회사를 창업하려고 했을 때 주변에서 모두 말렸으나 그는 주관과 비전으로 밀어붙여 오늘날 성공을 이룰 수 있었다.

주관이 있지만 때로 실패할 수도 있다. 그러나 실패의 요인을 분석하고 다시 다른 방향으로 자신의 주관을 살려 나간다면 언젠가는 자신이 원하는 그 자리에서 자신을 조직과 사회에서 원활히 소통할 수 있게 할 것이다.

'주관'은 그야말로 일의 성공에서도 빠져서는 안 될 중요한 요소이며, 아이드-이미지케이션에서 꼭 필요한 요소이다.

_ 따끈한 흰 쌀밥 같은 사람 되기 : 존재감

대한민국 사람에겐 밥만큼 힘이 나는 양식도 없다. 나이가 들수록 사람들은 밥 힘으로 산다. 어느 광고에서는 "따뜻한 밥 위에 ○○ 한 조각"이라고 말하면서 너무 먹고 싶어 몸을 떠는 장면이 나온다. 그 광고의 햄은 따뜻한 밥이 있기에 가능한 것이지, 햄만 계속 먹으면 세

입을 먹기도 전에 느끼해질 것이다. 밥의 이점은 아무 반찬을 놓고 먹어도 된다는 것이다. 아니, 고추장 하나만 있어도 된다.

대한민국 사람이라면 따뜻한 밥 한 공기에 배 속이 든든해질 것이다. 지나치리만큼 화려한 향과 맛을 가진 독특한 음식은 이따금씩 먹는 별미지, 밥처럼 매일 먹지 않으면 허전하게 느껴지는 음식은 아니다. 사람도 마찬가지다. 처음에는 반짝하고 사람들의 눈에 띨 만큼 요란하게 주목을 받다가 자기 일도 제대로 하지 못하거나 자기가 필요할 땐 세상 어디에도 없을 사람처럼 연락하다 원하는 것을 얻고 나면 연락을 끊고 관계를 흐지부지하게 만드는 사람들이 많은 것처럼 말이다.

직장에서도 늘 커다란 나무 그늘같이 유난히 존재감이 느껴지는 사람들이 있다. 존재감은 키가 큰 것에서 나오는 게 아니고 직위하고도 상관없다. 모든 상사라고 존재감이 있는 건 아니다. 또 부하직원이라고 해서 존재감이 없는 것도 아니다.

이제는 적극적으로 자신의 존재감을 나타내야 더 대접받을 수 있다. 어떻게 보면 승진도 존재감이 더 느껴지고 신뢰할 수 있는 사람에게 더 빨리 주어진다. 존재감은 하루아침에 뚝딱하고 만들어지는 것이 아니라 업무와 말, 행동을 통해 다른 사람의 마음속에 저 사람은 참 괜찮은 사람, 꼭 필요한 사람이라는 믿음을 가져다주는 느낌이다.

따끈한 흰 쌀밥이 주는 듬직함처럼 늘 곁에 두고 싶고 "저 사람은 진국이다"라는 평판을 얻을 수 있는 사람, 없으면 주위에서 서로 찾게 되는 사람이 그 어느 때보다 그리운 시대이다.

_톡 쏘는 청량음료 같은 사람 되기 : 시원함

소리만 들어도 '쏴' 해진다. 모 청량음료 회사에 등장하는 광고 문구― "맑고 깨끗한"―가 생각나지 않는가?

2000년 전 이스라엘에 태어나지 않았기에 예수님을 직접 보진 못했지만 참으로 시원하면서 동시에 온화한 이미지로 제자들과 사람들에게 힘을 주셨을 것이다. 또 말씀은 힘이 있지만 부드러웠을 것 같다. 어린아이를 쓰다듬고 안아주고 인자한 눈빛으로 제자들을 감싸줬을 것이다. 사랑의 마음으로 제자들의 발을 일일이 씻겨줬을 것이다. 예수님이 가는 곳곳마다 기적이 일어났다. 앉은뱅이가 일어서고 귀신들린 자가 고침을 받고 중풍병자가 낫고 죽은 자도 다시 살아났다. 예수님이야말로 어딜 가나 천함과 귀함을 가리지 않고 시원하게 소통을 일으켰던 분이다.

시원한 사람은 사람을 돈이나 신분으로 분류하지 않는다. 우리 주위엔 자기들만의 신분을 만들어놓고 다른 부류의 사람들은 얼씬도 못하게 만드는 사람들이 많다. 어린 초등학생마저도 아파트 평수대로 모여 논다는 웃지 못할 얘기가 있는 것은 그만큼 우리가 수많은 벽을 만들고 살고 있다는 뜻일지도 모른다. 자기만의 틀 속에 갇힌 사람은 마치 그리스 신화에서 지나가는 나그네를 데려다가 침대에 눕혀 침대 길이보다 길면 몸을 자르고 짧으면 늘린 프로크루스테스처럼 이 시대엔 어울리지 않는 사람이다.

시원한 사람은 신분과 직위에 얽매이지 않는다. 어린아이들부터 연장자 모두에게 스스럼없이 다가갈 줄 안다. 시원한 사람은 당연히 자기가 속한 조직에서 임무를 잘 해내는 사람이기도 하다. 모든 사람들에게 다 사랑을 받을 순 없다. 100%의 사람을 만족시킬 수 있다는 건 힘들고 현실 불가능한 일이기도 하다. 그러나 대부분의 사람, 즉 80%나 90% 정도의 사람들에게 시원하게 소통을 이끌어내는 사람이 드물지만 분명히 있다.

맑은 얼음이 가득 든 유리잔에 담긴 톡 쏘는 투명한 청량음료—시원한 녹차, 보리차, 주스 등 각자 좋아하는 음료를 생각해도 좋다—같이 보기만 해도 시원하고 투명한 사람, 상대방이 보면 '캬~' 소리가 나오는 그런 시원한 성격의 사람이 많지 않은 것이 아쉽다.

_ 치즈 케이크 같은 사람 되기 : 부드러움

치즈에 알레르기가 있는 사람이 아니라면 대부분 치즈 케이크의 부드럽고 은은한 맛을 좋아한다.

치즈 케이크를 사람에 비유하자면 입 안에서 살살 녹는 부드러운 맛 그대로 '부드럽고 엘레강스한 사람'이라고 할 수 있다. 어떤 말을 하든지 관계를 부드럽게 풀어 나갈 수 있는 사람, 상대를 온화하게 만들어줄 수 있는 사람이 아닐까 한다.

진짜 카리스마 있는 사람은 사람을 융화시키고 조직을 단합시키는 매력이 있다. CEO라 해서 권위적이고 뻣뻣해야 하는 시대는 지났다.

뻣뻣하고 강한 사람에게는 다가서기 힘들다. 오히려 치즈 케이크처럼 부드럽게 상대를 감싸주되 이성과 판단력을 갖춘 CEO가 직원들에게 더 큰 영향력을 미칠 수 있다. 그 점은 관리자도 마찬가지다. 신입사원을 아우를 수 있는 힘은 부드러움에서 나온다. 신입사원도 마찬가지다. 쟁쟁한 경쟁을 물리치고 입사한 새내기 직장인들은 실력과 부드러움을 동시에 갖춰야만 더 나은 미래를 만들어 나갈 수 있다. 가정에서도 아버지들이 전통적인 아버지상에서 벗어나 자녀와 허물없이 보내는 시간이 많아진 것은 좋은 현상이다.

한 연구결과에 따르면 직장 상사가 업무상의 일로 부하를 혼낼 경우 부드러운 태도를 취하면 부하들이 그 상사를 나쁘게 평가하지 않았다고 한다.

사람들을 보면 상대방을 아프게 찌르는 사람들이 참 많다. 사소한 일도 그냥 넘어가지 못하고 부르르 떨면서 목청을 올리는 사람들 말이다. 이런 사람들은 기껏 베풀면서도 대접을 받지 못한다. 그러면 또 자신의 선행을 알아주지 않는 상대를 탓한다.

가정에서도 엄마들의 태도는 참으로 중요하다. 달콤하면서 부드러운 이미지로 자녀들에게 다가가면 자녀들은 마음을 놓을 수 있다. 직장에서도 부드럽게 화합을 이끌어내는 상사가 부하직원의 존경을 받을 수 있는 것처럼 말이다. 부드럽다는 것을 약한 것으로 오해하지 말길 바란다. 실력을 갖춘 부드러운 사람과 자기 일까지 부하직원에게 전가시키는 능력 부족인 사람이 같을 수 없다.

자신의 목소리가 크다면 상대가 편안하게 느낄 수 있도록 목소리를 조절하는 것도 리re–이미지케이션의 한 방법일 수 있다. 목소리를 조절하면 상대방과의 대화를 원만하게 시작하는 데 도움을 주기에 그렇다. 목소리 톤이 높으면 대화를 할 때 상대에게 쉽게 피로감을 준다. 또 항상 격앙된 말투로 흥분하면서 말하다 보면 몸도 경직되고 말도 더 꼬이게 되어 상대에게 거부감을 줄 수 있어 자연스럽게 가식 없이 또 만나고픈 사람으로 인식되기 어렵다.

각자 자기가 하는 일에 전문성을 갖추고 부드러운 태도로 상대를 대하는 습관이 그 어느 때보다 필요하다.

_ 김치 같은 사람 되기 : 우정

맛있는 밥상이 차려졌다. 그런데 막상 많은 반찬이 있어도 김치가 없으면 한국사람 대부분은 허전함을 느낀다. 갖은 야채에 계란까지 넣어 그럴싸하게 라면을 끓였어도 라면만 먹으라면 왠지 서운하다. 여기에도 김치가 있어야 제대로 라면을 먹는 기분이 든다. 고급 한정식 집에서 상다리가 부러지게 한 상을 차려내고 다시 나가고 맨 나중 밥이 나올 때 빠지지 않는 것이 김치다. 어디 그뿐이던가? 칼국수 집과 해장국집에 가면 으레 작은 김치 항아리에 손님들이 알아서 먹으라고 집게와 가위를 내온다. 시장 한구석에서 야채를 파는 아줌마의 간단한 도시락을 지나가다 흘끗 보면 김치가 통을 빨갛게 물들이고 있다.

어딜 가도 김치는 한국인과 같이한다. 세계 여행을 하는 사람은 김치를 못 싸가니 고추장으로 대신한다고 할 정도로 우리나라 사람에겐 없어선 안 될 소중한 음식이다.

이런 김치를 생각하면 인간관계에서 중요한 '파트너십'을 떠올리게 된다. 김치는 늘 어느 음식에나 파트너로 우리에게 친숙한 음식이기 때문이다. 또한 다양한 종류로 마치 각각의 개성을 가진 우리의 친구들처럼 각각 독특한 맛을 내며 늘 우리의 밥상 위에 자리 잡고 있다.

마이크로소프트사도 빌 게이츠와 스티브 발머의 파트너십으로 탄생된 것이다. 소니도 발명가인 이부카 마사루 옆에 판매 관리에 뛰어난 모리타 아키오의 파트너십이 있었기에 발전할 수 있었다.

가정에서나 직장에서나 진정한 파트너십을 추구하다 보면 약간의 혼란과 손해가 나도 난관을 이겨낼 수 있다. 마치 친구처럼 허물없이 대할 수 있는 관계로 서로 소통할 수 있다면 좀 더 화기애애한 조직이 될 수 있을 것이다. 친구는 서로 잘못해도 일단 감싸고 본다. 그다음 친구의 잘잘못을 가려 친구가 옳은 길을 가도록 도와주는 것이 도리이다. 직장에서도 한 직원이 큰 실수를 했을 때 곧바로 사직시키는 것이 아니라 그가 다시 일어설 수 있도록 서로 힘을 주는 멋진 배포를 가진 조직이 더 위대한 기업으로 발전할 수 있다.

이제 다시 멋진 파트너십을 발휘해야 할 때다. IMF 사태가 일어나자 장롱 안의 금을 꺼낸 나라는 전 세계에 우리나라밖에 없었다. 한 배를 한마음으로 노를 저어 나가는 파트너십이 그 어느 때보다 절실히 요구된다.

소중한 파트너를 생각하는 마음으로 상대에게 다가서는 것, 그를 위해 아파해줄 수 있고 그를 위해 울 수 있으며 그를 위해 맘껏 기뻐할 수 있는 것이 바로 관계를 소중히 여기는 리-이미지케이션이다. 그래서 우정은 리-이미지케이션의 핵심 요소 중 하나이다.

_ 깻잎 같은 사람 되기 : 깔끔함

깻잎은 그 향긋함이 다른 채소들과 비교가 안 된다. 순대볶음과 같은 매콤하면서 약간은 비릴 수 있는 음식에 들어가서 음식의 개운함을 더하는 채소로 대학가 포장마차에선 떡볶이를 시키면 심심찮게 그 위에 깻잎이 얹혀 나온다.

깻잎의 매력은 뭐니뭐니해도 향긋한 향과 '깔끔함' 이다. 이렇듯 깔끔한 매력을 가진 사람이야말로 인간적으로 더 맛깔 나는 사람이다.

깔끔함은 일에서 그 사람을 돋보이게 만들어줄 수 있고 인간관계에서의 깔끔함도 사람을 유능하고 멋지게 보이게 한다.

1993년, 인텔은 전문 기술을 활용해 새로운 비즈니스를 시작했는데 펜티엄칩이 나온 지 1년 후 한 고객이 칩의 오류를 문의했다. 담당직원은 컴퓨터 시스템의 다른 부분이 문제를 낳는 것이라고 설명하고 대충 넘어가려 했다. 기술 부서를 찾아왔던 고객은 인텔의 안이한 태도에 실망해 인터넷에 글을 게시했고 소문은 삽시간에 퍼지기 시작했다. 회사는 창립 이후 최대의 비난을 받게 됐다. 앤디 그로브Andy grove

회장은 이런 상황에서 피하려 하지 않고 4억 7,500만 달러를 부담해 원하는 모든 사람들에게 프로세서를 교환해주기로 결정했다. 앤디 그로브 회장이 칩의 오류를 솔직하게 인정하고 업무처리를 깔끔하게 했기에 인텔은 더 나은 기업으로 인정받을 수 있었다.

사람 사이의 관계에서 깔끔함을 유지하는 최선의 방법은 '솔직함'이다. 제발 모르면 모른다고 인정하고 다른 사람의 자문을 구하자. 묻지 않으면 상사는 절대로 먼저 가르쳐주지 않는다. 또 아프고 힘든데도 자신의 상태를 잘 드러내지 못하는 사람도 많다. 사람들은 기본적으로 자기중심적이어서 잘 표현하지 않는 사람의 상태를 헤아리려고 하지 않는다. 화병이 걸리는 사람은 괜히 걸리는 것이 아니다. 억울한 감정을 제때 풀어내지 못하기에 약으로도 풀 수 없는 병에 걸리게 되는 것이다. 우리는 좀 더 솔직하게 자신의 상태를 주변 사람에게 표현할 필요가 있다.

또 상대가 잘한 일이 있다면 솔직하게 '부럽지만 정말 잘했다'고 칭찬하자. '부럽다'는 표현까지도 꼭 넣어 가면서 말이다. 상대는 아마도 당신을 평생 잊을 수 없는 동료로 인식할 것이다. 상대가 잘했어도 모르는 척, 기뻐도 기쁘지 않은 척, 자신이 몰라도 아는 척, 해놓고도 안 한 척 하는 사람들이 있어 제대로 소통이 이루어지지 않는 것이다. '그냥 힘주지 않고 이놈의 척만 안 해도 더 살기 편해질 텐데'라는 생각을 많이 하게 된다. 이렇게 소통이 제대로 이뤄지지 않는다면 회사의 실적 면에서도 손해가 날 것은 당연한 일이다.

상황에 따라 그때그때 말을 바꾸는 사람이 의외로 많다. 처음 만날 땐 모르지만 몇 번 만나다 보면 때에 따라 말을 바꾸는 사람은 다시는 신뢰할 수 없게 된다. 비즈니스 상에서만 솔직함이 필요하지는 않다. 연인과의 관계에서도 거짓말은 그 좋던 사이를 돌이킬 수 없는 파국으로 치닫게 만든다. 아예 처음부터 자신의 상황을 공개하는 것이 좋다. 상대를 위한다고 자기 딴에 상대가 몰랐으면 하는 사실을 숨기다 상대가 알게 됐을 때의 충격은 말로 표현할 수 없을 정도다.

아이드-이미지케이션을 위해서는 깔끔함이 중요한 요소임을 기억하고 실천하자.

_ 꽃등심 같은 사람 되기 : 고급스러움

가까이 지내는 이웃이 명절날 선물 세트가 들어왔다며 고기랑 과일을 주섬주섬 싸주셨다. 과일도 실하고 어쩜 그렇게 좋은지 그렇게 고마울 수가 없었다.

집에 와서 고기를 랩에서 뜯는 순간 깜짝 놀랐다. 등심은 등심인데 이때까지 봐왔던 등심하곤 마블링이 달랐다. 시중에서 유통되는 육우가 아니라 진짜 한우인가 생각하며 팬에서 살짝 구워 허브소금(허브소금도 이웃이 친절하게 싸주셨다)에 찍어 입에 넣는 순간 그 맛에 다시 한번 놀랐다.

"아, 이런 고기 맛도 있구나. 그럼 그동안 내가 먹어왔던 고기는 뭐였지?"라는 반문이 저절로 들었다. '고기가 살살 녹는다' 는 표현이 꼭

이미지케이션으로 몸값을 올려라

맞았다. 몇 번 씹기만 해도 육즙이 입안 전체를 기분 좋게 감싸고 쓱 넘어갔다.

아마도 이런 명품 꽃등심을 사람으로 비유하자면 럭셔리한 사람이라고 표현해야 할 것 같다. 고기라고 모두 꽃등심이 될 수 없듯이 사람도 진짜 품위 있고 소위 '부티 나는' 사람은 드물다. 고급스럽다는 것은 유무형의 것을 모두 포함한다. 실용주의를 너무 외치다 보면 사람이 팍팍해진다. 그러나 또 자기 수준에 맞지 않게 고급스러움만 추구하는 것도 '빛 좋은 개살구'가 되어버릴 수 있다.

여기에서 내가 강조하고 싶은 것은 자기 수준에 맞는 고급스러움의 추구야말로 삶의 여유를 제공해 무형의 가치를 증폭시켜 준다는 것이다.

우리는 가끔 자신을 위해 조금은 값비싼 쇼핑을 할 필요가 있다. 온몸을 명품으로 둘둘 감을 필요는 없지만 가방을 살 때나 구두를 살 때 가끔 과감하게 투자를 하면 두고두고 튼튼하고 편하게 쓸 수 있고 폼도 난다.

주변에 명품을 좋아하는 친구가 있는데 그 친구가 말하길 한번 사면 그만큼 활용도가 높아서 명품을 구입한다고 한다.

실제로 미국의 고위층일수록 겉으로 보이는 모습을 중요하게 여긴다. 세계적인 기업들의 설명회, 리셉션 등에서는 드레스 코드가 엄격하고 남자도 헤어스타일이나 피부 관리에 더욱 공을 들인다.

그러나 품격의 고급스러움은 그 사람이 소유한 물건뿐만이 아니라 그 사람의 눈빛과 마음에서 우러난 행동, 말투에서 배어 나온다. 책을 많이 읽는 사람은 한마디를 해도 책을 읽지 않는 사람과 많은 차이가 있다. 아무리 화장을 잘하고 옷을 근사하게 입었어도 눈빛에서 나오는 가벼움은 속이질 못한다.

고급스러움은 젊은 사람보다 나이든 사람에게 더 필요한 덕목이다. 젊음은 그 자체로 아름다워 어떤 것을 걸쳐도 다 잘 어울리지만, 어느 정도 나이가 있는 사람들에겐 고급스러움이라는 단어가 잘 어울리기도 하고 추구해야 될 덕목이 아닌가 싶다. 고급스러움은 돈이 있어야 성립된다는 간단한 이론은 반은 맞고 반은 틀리다. 어느 정도의 품위 유지를 위해 경비 지출은 필요하지만, 지적인 것과 마음의 여유에서 뿜어져 나오는 고급스러움은 돈으로 매길 수 없는 산물이기 때문이다.

고급스러워지고 주위 사람에게 존경받는 사람이 되고 싶다면 스스로 인격을 쌓아 나가야 한다. 남을 배려할 줄 알고 끊임없이 배우려는 자세를 유지해야 한다. 같은 직종에 있더라도 끊임없이 배우려는 태도는 승진이나 다른 회사로 이직할 때 분명히 플러스가 되어 자신에게 돌아온다.

_ 물냉면 육수 같은 사람 되기 : 인내

나는 냉면을 즐겨 먹는다. 냉면은 면발도 좋아야 하지만 특히 물냉면의 중요 포인트는 육수에 있다고 본다. 소위 대박집으로 일컬어지는 냉면집의 육수 노하우는 어디든 비밀이다. 신당동 떡볶이 원조 할

머니의 "며느리도 몰라, 아무도 몰라"의 또 다른 버전일 수 있다. 어떤 재료를 얼마만큼 넣어 맛깔나고 사람들의 미각에 상큼함을 주는 육수로 탄생되는지는 그 집 주인만이 알 일이다.

그러나 최소한 육수는 금세 완성되는 것이 아니다. 적어도 며칠 동안은 소뼈를 넣든 고기를 넣든 푹 끓여야 진국이 된다. 우리가 쉽게 들이킬 수 있는 냉면 육수는 단 몇십 분 만에 뚝딱 만들어지는 것이 아니다.

"나는 나를 넘어섰다"라는 광고 문구가 기억나는가? 오늘날 자기 이름을 브랜드화할 정도로 유명해진 사람들에게 공통점을 찾아내라면 인내라는 요소를 쉽게 발견할 수 있을 것이다.

테니스 선수 페더러가 자신의 몸을 활같이 휘어 상대방 코트에 멋지게 서브를 날리는 것도, 세계적으로 유명한 발레리나 강수진도, 세계 무대에서 멋진 축구실력을 뽐내는 박지성도 인내가 없었다면 오늘날 그들의 명성은 없었을 것이다. 이미 심하게 다치고 못난 그들의 발 사진이 인터넷에 고스란히 올라 있는 걸 독자 여러분도 보았을 것이다.

마이클 조던이 자신의 위치를 지킬 수 있었던 것도 인내가 없었으면 불가능했을 것이다. NBA 시카고 불스 입단 초기만 해도 그는 별 볼일 없던 선수였다. 신인 시절 경기를 몇 번 뛰어 보고는 다른 선수들에 비해 체력과 기술이 부족하다는 사실을 깨달은 뒤, 웨이트 트레이닝과 자유투, 점프 슛 연습을 무수히 거듭한 결과 조던은 누구도 넘볼 수 없는 농구 황제로 자리매김할 수 있었다.

나를 넘어서기 위한 조건 중 하나가 인내라는 걸 알면서도 하루하루 대충 보내기 일쑤인 게 우리의 삶이기도 하다. 자기의 정체성을 확립하는 데 반드시 짚어봐야 할 것은, 자신이 맡은 일에서 제대로 만족하고 행복한가에 대한 물음에 확실한 답을 찾는 일이다. 이렇듯 아이드-이미지케이션을 위해서는 내부 성찰과 끊임없는 피드백, 인내가 필요하다. 한순간에 '뿅' 하고 나타나는 금도끼가 아닌 이상 어느 정도의 시간과 인내는 필수다.

한번은 사내방송에 출연한 적이 있었다. 촬영하기 4시간 전에 도착하여 여러 가지 시설을 둘러보고 리포터와 미리 연습도 하며 끊임없이 기다렸다. 그때 방송 PD가 해준 말이 지금도 잊히지 않는다.

"방송을 한다는 건 기다림의 연속이에요."

기다림이라……. 그런데 비단 방송 쪽만 그러겠는가? 어떤 일이든 자신이 이루고자 하는 그 꿈을 향해 인내하는 것은 꿈이 없는 사람들이 이해할 수 없는 큰 고통이지만 동시에 기쁨이기도 하다.

오늘날 그렇게 중요시되는 창의성도 어느 날 하늘에서 뚝 떨어지는 선물이 아니다. 끊임없이 반복하고 또 수정하고 시도하는 데서 신선한 창의력이 나온다.

아이드-이미지케이션을 위해서나 리-이미지케이션을 위해서나 가장 중요한 조건 중의 하나가 '인내'임을 기억하자!

지금 이 순간에도 힘들지만 각자의 목표와 비전을 생각하고 자신의 건강한 정체성을 확립해 나가는 모든 이들에게 응원을 보낸다.

_ 임연수어 구이 같은 사람 되기 : 나눔

우리가 먹는 생선의 가짓수는 어마어마하지만 껍질까지 제대로 먹는 생선이 바로 임연수어다. 껍질 자체가 질감이 있고 바삭하게 굽거나 튀기면 고소하다. 소금간을 한 상태에서 구우면 청어같이 살이 잘 부스러지는 게 아니라 큼지막하게 뚝뚝 떼어져 먹기도 편하고 갈치나 조기처럼 잔가시를 걱정하지 않아도 되어 큰 뼈만 분리하면 먹기에도 편리하다. 거기다가 가격까지 싼 편이라 부담을 느끼지 않고 먹을 수 있는 생선이다.

껍질까지 맛있게 먹을 수 있는 임연수어 구이를 보면서 문득 '나눔의 미학'을 떠올린다. 사람도 남을 위해 헌신할 수 있고 나눠주며 봉사하며 사는 사람이 참으로 아름답다는 생각이 든다. 각박한 세상이라지만 우리 주위에는 나누며 사는 사람들도 많다. 자신의 생을 마감하면서 신체 장기를 기증하는 사람들은 분명 더불어 사는 사회가 어떤 것인가를 잘 설명해주는 사람들이다.

굳이 먼 곳에서 찾을 필요도 없다. 직장에서도 내 일만 신경 쓰고 동료직원이 하는 일에는 신경을 끄는 얌체족도 많다.

짐 콜린스는 "좋은 기업을 넘어 이제는 위대한 기업으로 가야 한다"고 했다. 위대한 기업으로 가는 길의 근간은 이윤 창출 이전에 사람이다. 팀워크를 넘어 다른 이를 배려해주고 자신을 헌신하고 회사를 아끼는 사람들이 많아질 때 위대한 기업도 가능할 것이다.

71

개인 이익의 50%는 항상 국가를 위해 써야 하고 25%는 주변사람들을 위해, 나머지 25%만 개인이 가져가야 한다고 밝힌 윤윤수 FILA 코리아 회장도 나눔을 실천하고 있는 기업가이다.

성주 인터내셔널 김성주 사장은 사업을 하는 주된 목적이 사회환원이라는 점을 표명했다. 김 사장은 수많은 국제행사에서 한국 대표이자 아시아 대표로서 국가의 진정한 국익을 대변하는 역할을 하고 있다.

교보생명 신창재 회장은 공익재단 형태로 사회지도자를 양성하는 단체를 운영하고 싶다는 의사를 밝힌 인터뷰처럼 나눔을 실천하고 모색하는 CEO이다.

기업 얘기가 거창하다면 우리 시대의 어머니들을 떠올려보자.

물론 훌륭한 아버지들도 많지만 보편적인 우리의 어머니들은 집안 경제 수준에 맞춰 살림을 하고 자식들을 보살핀다. 흔히 주위 엄마들이 "결혼해서 변변한 내 옷 하나 안 샀어. 결혼하기 전에는 몇십 만원도 펑펑 썼는데 지금은 돈이 있으면 하나라도 자식을 위해 사"라고 얘기들을 많이 한다. 사회의 근간도 기업에 일하는 사람들이 있는 곳도 가정이기에, 이 조그만 땅덩어리에서 이만큼 살 수 있게 된 것도 엄마들의 숨은 공로가 있기에 가능한 것이라고 믿는다.

나는 기업의 CEO들도 사회에 이익을 나눌 수 있는 마인드를 더 많이 가졌으면 한다. 빌 게이츠는 500억 달러에 이르는 재산 중 가족 몫 1000만 달러를 제외한 전액을 기부한다고 발표했고, 워렌 버핏도 300억 달러를 기부했다. 그들은 그 많은 재산을 다시 사회에 기부하고 있기에 존경받으며 그들의 기업 역시 위대한 기업으로 평가받고 있다.

자신만의 이윤과 명예를 추구하는 기업은 그 세대가 끝나면 사장된다.

친한 친구 하나가 헐레벌떡 전화를 걸어 집주소를 채근했다. 친구 어머니가 김치를 보내주신다는 것이었다. 며칠 뒤 대형 상자로 된 택배가 배달됐다. 상자 안에 또 스티로폼 상자가 있었다(나중에 안 것이지만 그 스티로폼 상자를 구하기 위해 인근 대형마트까지 갔다고 한다). 스티로폼 상자를 열어보니 봉지들이 꽁꽁 묶어져 있었다. 봉지를 열면서 갑자기 눈물이 왈칵 나왔다. 김치찌개를 해먹을 만큼 푹익은 김치, 지금 먹기에 알맞은 김치, 깻잎장아찌와 무말랭이, 고추장아찌가 먹음직스럽게 담겨져 있었다.

어머니가 안 계셔도, 또 다른 사람의 사랑을 받는 것에 참 행복하고 감사했다. 평생을 친구 어머니에게 잘 해드려도 다 갚지 못한다는 걸 알지만 그런 사랑과 정성을 받으면서 나 또한 그렇게 사랑을 나눌 수 있는 사람이 되리라 다짐을 했다.

나눈다는 것은 단순히 내가 가지고 있던 것이 반으로 주는 것이 아니라 나눌수록 감사와 행복이 배가 되어 우리 모두에게 돌아오는 것이다.

이미지케이션의 기본 바탕은 관심과 사랑에서 출발한다. 자신뿐만 아니라 관계를 소중히 하는 데서 의미가 커진다. 그러므로 '나눔'은 관계를 소중하게 형성하고 지속적으로 이어 나갈 수 있는 리-이미지케이션의 요소 중 하나가 된다(Chapter 3에서도 언급할 것이다).

각박한 사회 환경을 탓하지 말고 우리 자신부터 우리의 위치에서

CHECK POINT!

 나는 맛있는 사람?

맛있는 음식처럼 사람들 중에는 맛있는 사람이 있다. 그들은 자신에게 주어진 일을 열심히 하고 사람들에게 인정받으며 자신과 얽힌 인간관계를 소중히 여긴다. 자신의 긍정적이고 넘치는 에너지를 다른 사람들과 공유해 주변에는 언제나 사람들로 가득하다. 나이, 직업, 습관, 그 어떤 것도 우리를 억누를 수는 없다. 조금씩 달라지고 점점 더 맛있어지자. 우선 맛있는 사람이 되려면 기본 식재료인 인격, 건강한 자아, 긍정적인 태도를 가지고 있어야 한다. 그렇다면 맛있는 사람으로 바뀌는 이미지 케이션에는 무엇이 있을까?

- 아무 음식에 들어가도 음식의 깊은 맛을 더해주고 부드럽게 조화를 이루는 무처럼 나뿐만 아니라 남을 배려하고 조직에 융화된다.
- 물기를 꼭 짜 꼬들꼬들해진 오이지처럼 주관을 갖고 행동한다.
- 화려하지는 않지만 매일 먹지 않으면 허전한 흰 쌀밥처럼 듬직하게 늘 곁에 두고 싶은 매력이 있다.
- 시원한 청량음료처럼 신분과 직위에 얽매이지 않고 사람들을 대한다.
- 부드러운 치즈 케이크처럼 관계를 부드럽게 풀어 나가고 상대를 온화하게 만든다.
- 어느 음식에나 파트너로 친숙한 김치처럼 가정에서나 직장에서 마치 친구처럼 허물없이 대할 수 있는 관계로 소통한다.
- 음식의 개운함을 더하는 깻잎처럼 깔끔함의 매력을 가지고 있다.
- 꽃등심처럼 수준에 맞는 고급스러움을 추구한다.
- 오랜 시간을 고아야 하는 냉면 육수처럼 인내심을 갖는다.
- 껍질까지 먹을 수 있는 임연수어처럼 헌신할 수 있고 나눠주며 봉사하며 산다.

조금씩 나눌 수 있는 사람이 되어보자. 나눌 수 있는 사람들은 한결같이 말한다. 나눠주는 것 자체가 행복이라고……. 콩 한 쪽이라도 나눠 먹고 마음의 문을 열어 환히 웃을 수 있는 사회, 나눌 수 있는 사람이 있어 마음속 깊이 감동이 있는 편안한 사회가 되길 소망한다.

나부터 바꿔라, '이미지씨'

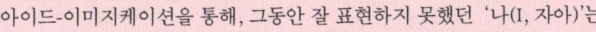

개인에게 필요한 이미지케이션 전략

'휴먼 이미지케이션'(인간적인 이미지메이킹 및 이미지 소통 전략)을 크게 나누면
개개인에게 필요한 이미지케이션과 관계 맺기와 그 속에서
소통하기에 필요한 이미지케이션으로 구분할 수 있다.
이때, 전자를 '아이드-이미지케이션'(id-imagication), 후자를 '리-이미지케이션'(re-imagication)이라 명명할 수 있다.
아이드-이미지케이션은 현대 생활에서 잘 표출해야 함에도 기술적인 방법을 몰라
표현하지 못했던 자기 자신을 효과적인 이미지케이션으로 새롭게 보여주는 것이다.
아이드-이미지케이션을 통해, 그동안 잘 표현하지 못했던 '나(I, 자아)'는
'이미지케이션이란 마법(magic)에 의해
새롭게 태어난 나', 즉 '이미지씨(imagicy)'로 변신하게 된다.

아이드-이미지케이션 id-imagication 이란

이미지케이션(넓게 보면 '휴먼 이미지케이션'을 지향하는 전략)을 크게 나누면, 개인을 바꾸는 전략인 '아이드id-이미지케이션'과 사회 속에서 관계를 맺는 전략인 '리re-이미지케이션'으로 분류할 수 있다(더 나아가면 이미지케이션 자체에 대한 분석과 연구인 '메타 이미지케이션'도 포함된다). 여기서는 아이드-이미지케이션에 대해 자세히 알아보고, 아이드-이미지케이션의 구체적 실천 기술인 '바디-이미지케이션'을 소개한다.

아이드-이미지케이션은 앞에서 잠깐 언급했던 것처럼 자신의 정체성identity을 진정으로 소통한다는 뜻이다. 현대인이라면 관계를 소중히 여긴 나머지 정작 자신과의 소통을 이루지 못해 늘 시간에 쫓기고 어딘가 모르게 답답했던 경험들이 있었을 것이다. 이렇게 생활하다 보면 정작 자신의 정체성이 흔들리게 되고 혼란이 생길 수 있다. 또한 자신을 돌아보는 것보다 초점을 타인에게 맞추어 타인의 안 좋은 면만 나무라게 된다. 이런 상황에서 아이드-이미지케이션을 잘하게 되면 자신의 비전을 정립하는 데 확신을 갖게 될 것이고, 자기 경영을 해나가는 데도 많은 도움을 얻을 수 있을 것이다. 아이드-이미지케이션을 하기 위한 구체적인 방법으로 자신의 현 상황을 다시 한 번 점검할 수 있기를 바란다.

자기 이미지 self image 는 자신이 하고 있는 일에 얼마나 보람을 느낄 수 있느냐에 따라 달라진다. 더불어 자신을 뒤돌아볼 수 있으며 하고 있는 일에서나 새로운 일에 대한 도전으로써 '독서' 도 한 방법이다. 또한 스트레스에 슬기롭게 대처하는 것도 아이드-이미지케이션의 중요한 부분이다. 외모 관리에만 치우치지 않고 건강을 관리하는 것도 아이드-이미지케이션의 한 요소이다. 또한 자신이 하고 있는 일에 더 많은 발전을 가져다줄 '교육' 의 부분도 아이드-이미지케이션의 중요한 방법이 될 수 있다. 시간 관리의 중요성을 인식하고 계획적으로 시간 관리를 하는 사람은 아이드-이미지케이션을 잘할 수 있다. 게다가 시간을 훨씬 유용하게 다루고 더불어 자신의 미래까지 계획적으로 준비할 수 있게 될 것이다. 그렇게 하다 보면 자연스럽게 멋진 '이미지씨' 로 새롭게 태어나게 된다. 이미지씨가 뭐냐고? I(자아)+magi[c](마법)+y(사람), 즉 마법 magic 에 의해 새롭게 태어난 나이다.

건강한 아이드-이미지케이션은 결국 타인과의 원만한 소통을 이끌어내는 리-이미지케이션에 영향을 주게 되므로 매우 중요하다.

아이드-이미지케이션의 구체적 실천법은 무엇일까. 바로 '바디-이미지케이션'이다. 바디-이미지케이션은 우리의 신체 부위가 단순히 신체 기관이 아니라 타인과 어떻게 소통을 이끌어내는 기관이 되는 것인가에 대해 다룬다.

간단히 살펴본다면 눈은 타인과의 관계를 맺는 데 중요한 부위이며, 귀는 상대의 처지를 공감할 수 있게 만드는 소중한 신체 기관이고, 입에서 나오는 목소리는 자신과 타인의 성격을 가늠할 수 있게 하며, 팔과 다리는 상대에게 많은 메시지를 전달하게 된다. 또한 서 있는 자세나 앉아 있는 자세에서 자신감과 당당함이 배어 나오기도 하며 한편으론 건강하지 못한 인상을 풍기게 된다. 우리가 옷을 입는 몸에선 그 사람의 지위와 패션 스타일을 엿볼 수 있고 많은 것을 유추할수 있으며 또한 의상과 액세서리에도 다양한 컬러를 사용할 수 있다.

이 책은 그냥 읽고 끝나는 것이 아닌 어떻게 실생활에 접목하고 적용할 것인가에 초점을 맞추고 있다. 그런 의미에서 개인에게 필요한 아이드-이미지케이션 전략을 잘 활용해 멋진 '이미지씨'로 재탄생하는 여러분이 되길 바란다.

_ 나는 달라진다, '이미지씨'로

그동안 타인과의 소통이 잘 이루어지지 않았다면 평상시 나의 소통 방식이 어떤지 생각해볼 필요가 있다. 상대만을 탓하며 자주 분노하는 경우가 생긴다면 십중팔구 당신도 타인에게 불쾌감을 전달하고 있을 수 있다. 가장 빠른 변화를 느끼고 싶다면 일단 자신부터 바뀌면 된다. 타인은 둘째 치고라도 여러분 스스로 자기 모습에 만족할 수 있도록 노력하는 것이 지혜로운 방법이 될 수 있다. 이 장에 소개된 아이드-이미지케이션의 기초와 실천법이 새로운 '이미지씨'로 변하게 도와줄 것이다.

아이드-이미지케이션은 여러분의 내면을 풍요롭게 해줄 것이며 업무를 하는 방식에서나, 새로운 지성을 더하는 방법에서 여러분의 역량을 강화시키는 데 도움을 줄 것이다. 아이드-이미지케이션의 구체적 실천법인 '바디-이미지케이션'은 어떻게 타인과 긍정적인 소통을 일으킬 수 있을지, 신체 부위를 대입해 구체적인 적용 방법을 제시해줄 것이다.

평상시에 잘 풀리지 않고 고민이 많았던 사람이라도 자꾸 생활 속에서 본 서에서 다루는 여러 방법들을 시도해본다면 새로운 '이미지씨'로 재탄생할 수 있게 된다. 게다가 바쁜 현대인이지만 나름대로 시간을 알차게 창조할 수 있는 '이미지씨'로 주변의 부러움을 사게 될 것이다. 또한 센스 있는 자기표현과 타인을 배려하는 진심어린 사람으로 변화돼 누구나 자꾸 만나보고 싶고 관계를 지속하고 싶은 '이미지씨'로 인식될 것이다.

우리 모두 새로운 '이미지씨'가 될 수 있다. 개개인이 '이미지씨'로 거듭나면 자꾸 발전하는 자신을 느끼게 되고 주위 사람들과의 관계도 향상되는 즐거운 조직을 만들 수 있을 것이다.

_ 내가 진짜로 원하는 게 뭐지?

아이드-이미지케이션을 제대로 해나가려면 자신이 하는 일에 만족감과 행복을 느낄 수 있어야 한다. 직업은 우리에게 많은 것을 얘기해준다. 자신이 원하는 일을 하는 사람은 그렇지 않은 사람보다 자아 존중감self esteem이 높을 수밖에 없다.

훌륭한 직업을 가지고 있으면 모두 아이드-이미지케이션을 잘하고 있는 걸까? 그렇지 않다. 사회에서 인정받는 고위직에 있는 사람이 오히려 자신의 정체성을 제대로 확립하지 못하는 경우가 있고, 사회적으로 존경받지 못하는 직업이라도 자신이 하고 있는 일에 최선을 다하며 희망을 갖는 사람들도 있다.

물론 삶에는 정답이 없다. 그러나 확실한 건 자신의 정체성을 건강하게 지켜 나가고 있는 사람들에겐 나이를 막론하고 에너지와 희망을 느낄 수 있다는 것이다. "우리가 어떤 삶을 살아가느냐는 우리가 하는 일과도 관계가 있지만 그보다는 자기가 하는 일을 스스로 어떻게 받아들이느냐는 경험의 내용과 더 관계가 깊다"는 미하이 칙센트미하이의 말이 가슴 깊이 와 닿는다.

케이블 TV에서 〈도전 슈퍼모델〉이라는 프로그램을 시청한 적이 있다. 후보들을 한 명씩 떨어뜨리고 떨어진 후보들은 퇴장하면서 인터뷰를 짧게 한다. 한 후보가 퇴장하면서 인터뷰를 하는 장면이 인상적이었는데 내가 보기엔 꽤 섹시하고 남성들이 좋아할 듯한 외모였지만 심사위원들은 냉혹했다. 섹시해 보여서 떨어뜨린 게 아니라 적극적인 자세를 가지지 못한 것이 탈락 이유였다. 또한 퇴폐적인 분위기를 바꿀 시도를 하지 않는 것도 문제 삼았다. 그 후보가 서운해 하면서 이런 말을 던졌다.

"여기 있는 후보들 중 중간은 될 거라고 생각했어요!"

이 말을 듣는 순간 나는 이 후보가 진작 떨어지지 왜 지금 떨어졌나 생각하며 조금 얄밉기까지 했다.

모델은 프로의식이 요구되는 직업이다. 최종적으로 모델에게 입혀지는 옷은 디자이너의 혼이 들어간 예술작품이다. 선천적인 바디라인의 아름다움도 갖추어야 하지만 자기관리가 철저해야 한다. 그렇다면 자기 일을 가장 사랑하며 좋아해야 하는 것은 지극히 당연한 것이다. 그런데 자기가 중간이라고 평가해버리니 참으로 싱거워 보였다. 더 자세히 들여다보니 눈빛엔 반짝반짝하는 총기도 없었다.

끝으로 남은 후보일수록 자기가 왜 이 일을 하고 싶은지 정확한 이유가 있었다. 또 촬영에 임할 때 최선을 다했다. 1등을 거머쥔 모델은 패션 숭배자였다. 케이트 모스의 모습에서 많은 영감을 받는다며 모델이 하고 싶어 27kg이나 감량했다고 한다. 지독한 자기관리가 있었기에 그녀는 1등을 할 수 있었던 것이다.

사실 1등을 한 모델은 모델로서 아주 좋은 몸매를 가지지는 못했다. 허리라인과 하체라인도 다른 후보보다 아름답지 않았다. 그러나 매번 촬영에 맞는 감정이입과 최선을 다하는 태도, 다른 후보들과 잘 어울리는 긍정적인 모습에 많은 점수를 받았다.

그 어느 누구든 자신이 좋아하는 일에 '주관'을 가질 필요가 있다. Chapter 1에서 아이드-이미지케이션의 요소 중 주관에 대해 언급한 적이 있다. 남들이 뭐라 해도 자신이 하고 싶어 하는 일에 달려들어 매진할 수 있는 힘도 뚜렷한 주관이 있을 때 나오는 것이다. 주위에서 당신이 원하는 일을 별 볼일 없는 것처럼 하찮게 보더라도 주관을 가지고 있으면 흔들리지 않고 정진할 수 있는 힘이 나온다. 1등을 한 그 모델도 27kg이 더 나갔을 예전에는 모델을 하고 싶어 하는 그녀의 소신을 주위에서 비웃었을지 모른다. 그러나 그녀는 진심으로 원하고 끝까지 주관을 잃지 않았기에 그 자리에 설 수 있었다. 비록 당장에 많은 보수가 주어지지 않는 일이라도 하고 싶고 주관이 확고한 사람은 현실을 참아낼 수 있다.

《논어》에 보면 그냥 일하는 사람은 그 일을 좋아하는 사람을 따라가지 못한다는 말이 나온다. 자기가 하고 있는 일을 좋아한다면 거기에서 오는 고통도 감내할 수 있고 추진력도 생기기 때문이다.

자신이 진짜 원하는 일이 무엇인지 찾아내는 게 필요하다. 진짜로 원하는 일을 찾아내고 거기에 '인내'를 가지고 꾸준히 노력할 때 원하는 일을 성공적으로 해낼 수 있다. 아무리 원하고 좋아하는 일을 찾아도 어느 단계에서 포기하는 사람들이 많기 때문이다.

　Chapter 1에서도 언급했던 것처럼, 좋아하는 일을 해나가되 인내를 가져야 자신의 미래에 날개를 달 수 있게 된다. 인내가 없는 완성은 싱겁다. 인내가 없는 열정만 갖고 있는 사람은 자칫 잘못하다간 양은 냄비처럼 금세 끓다가 재빨리 식어 버린다. 어려운 일을 해내는 것은 쉬운 일을 해내는 것보다 몇 배의 힘과 인내가 필요하지만, 해내고 보면 그에 따른 보람은 말로는 다 표현할 수 없을 만큼 크다.

　2007년에 브라이언 트레이시가 한국에서 강연을 했다. 수많은 베스트셀러를 낸 이 동기부여가를 보기 위해(아니, 더 솔직히 말하자면 그의 강의하는 모습이 더 궁금했다. 그는 비록 나이가 많았지만 진짜 신사다웠고 기품 있어 보였다. 그의 제스처는 과장이 없고 부드러웠다) 부푼 기대를 안고 강연장으로 발걸음을 재촉했다.

　그 강연에서 들은 말 중 지금까지도 생생하게 기억하는 한마디가 있다. 성공을 위해 한 가지 일에 7년을 일해 봤냐는 물음이었다. 성공을 위해서는 7년 이상, 1만 시간의 노력이 필요하다고 한다. 그 정도의 시간이면 자기가 하고 싶은 일에서 어느 정도 두각을 나타낼 수 있고 성공의 반열에 오를 수 있다는 것이었다.

　성공엔 열정이나 운이나 끼도 필요하겠지만 지속적으로 시간을 투자하는 것이 더 중요하다는 걸 새삼 느끼게 해준 멋진 강연이었다.

　누구든 이런 자세로 자신이 진짜로 원하는 일에 인내를 발휘한다면 아이드-이미지케이션을 성공적으로 해나갈 수 있을 것이다.

_ 독서로 샤워하기

Chapter 1에서 아이드-이미지케이션의 요소 중 하나로 다룬 '존재감'과 독서는 자연스럽게 연결된다. 왜냐고? 독서를 하다 보면 자신의 존재에 대해 진지하게 생각을 할 수 있게 돼 자신의 현재 위치를 점검하는 데 많은 도움을 받게 된다. 또한 한 권의 책을 다 읽었을 때에는 이 세상에서 누구보다도 자신이 소중하다는 생각을 갖게 된다. 그리고 앞으로 나아가야 할 방향을 잡는 데 큰 도움을 얻을 수 있다.

CEO들도 리더십이나 운영에 대한 아이디어 창출을 위해 다독을 한다고 한다. 수많은 직장인들은 삶의 피로를 풀고 휴식을 취하거나 제2의 커리어를 만들기 위해서라도 독서를 생활화해야 한다. 노인들도 무료한 시간을 책을 읽으며 달랠 수 있고 세대와의 자유로운 교감을 위해서도 책을 자주 읽어야 된다. 에세이나 시집, 소설을 읽게 되면 상상력과 감성을 자극받는다. 또한 경영서나 자기 계발서는 실생활에 필요한 정보들을 얻게 되므로 단시간에 많은 정보를 얻게 돼 여러분이 하는 일에 직접적인 도움을 받게 된다. 일간지나 시사지도 다양하게 읽다 보면 정치, 경제에 대한 흐름이나 감각을 키우는 좋은 방법이 된다.

일반 성인들을 살펴볼 것 같으면 책을 아예 안 읽는 사람들이 있고 바쁜 시간을 쪼개서라도 읽는 사람이 있다. 책을 읽지 않는 사람들은 대화를 할 때 다양한 주제가 나오면 당황하게 된다. 비즈니스를 할 때 처음부터 본격적인 업무 얘기를 하는 것보다 '스몰 토크small talk'로 시작하면 훨씬 부드럽게 대화를 시작할 수 있는데, 스몰 토크를 자연스럽게 열어 가는 힘은 바로 독서에서 나온다.

마키아벨리는 모함을 받아 유배지에 있을 때도 낮에는 흙을 만지는 농부였지만 밤에는 깨끗한 의복으로 갈아입고 서재에서 나오지 않았다고 한다. 밤에 하는 그 독서 덕분에 마키아벨리는 험난한 유배 생활도 꿋꿋하게 버틸 수 있었다. 전 세계 1억 2000만 명이 시청하는 '윈프리 쇼'의 오프라 윈프리도 자신의 성공 비결로 독서를 꼽았다. 실제로 그녀가 책 한 권을 소개할 때마다 그 책은 순식간에 베스트셀러가 되어버린다.

독서를 하면 할수록 미처 깨닫지 못한 것을 많이 알게 되고 글을 쓸 때와 강의를 준비할 때 아이디어가 쏙쏙 떠오른다. 또 책을 감명 깊게 읽은 날엔 이상하게 글도 더 잘 써진다.

한 권의 책을 읽고 나면 표지도 유심히 보는 습관 역시 독서를 효율적으로 하는 좋은 방법이다. 보통 뒤표지에는 비슷한 분야의 책들이 소개되기에 그 책에서 다루지 않는 내용도 얻게 되는 장점이 있다. 이렇게 꾸준히 하다 보면 독서량이 늘어나는 것은 물론이거니와 생각지도 않은 아이디어를 얻기도 하고 새로운 분야에 대한 관심이 더 큰 지식과 지혜를 가져온다.

또한 같은 분야의 여러 책을 비교하면서 읽다 보면 여러 가지 정보를 빠르게 얻을 수 있다. 각 분야의 책이라지만 분명히 다른 책에서 누락된 부분이 읽고 있는 책에서 발견될 수 있기 때문이다. 그런 여러 책들의 내용에서 공통점을 묶어내고 차이를 발견하여 메모하고, 다르

이미지메이션으로 몸값을 올려라

다고 느껴지는 부분은 또 인접한 다른 분야의 책이나 논문을 통해서 보완해 나가면 차차 자신만의 안목이 생기기 시작한다. 물론 시간이 걸리지만 확실히 깊이 있게 자신이 알고 싶어 하는 분야를 익히는 좋은 방법이다.

월트 디즈니Walt Disney 는 "디즈니랜드는 결코 완성되지 않을 것이다. 이 세상에 상상력이 남아 있는 한 계속 성장할 것이다"라고 말했는데, 우리의 상상력을 무한히 자극할 수 있는 손쉬운 방법 중의 하나가 독서다.

그러나 지적인 힘은 하루아침에 완성되지 않는다. 해박하다는 것도 장시간 축적된 결과물일 뿐이다. 많이 아는 사람이라고 느껴지는 사람 주위엔 사람이 많다. 똑똑하다는 건 그 사람을 매력 있게 보이게 하는 커다란 원천일 수 있다.

지적으로 보이는 사람과 지적인 사람은 몇 마디만 시켜 보면 금세 알 수 있다. 지적으로 보이는 사람이 무식하다고 느껴질 때 왠지 더 실망스러운 건 그만큼 지적인 사람이 드물다는 증거이기도 하다.

늘씬하고 예쁜 미녀들도, 외모관리에 체형관리에 힘을 쓰는 미남들도 세월 앞엔 장사가 없다. 신체적으로 매력적인 외모도 지성이 들어가지 않으면 어느 날 추해 보일 수 있다.

도서 시장이 불황이라고 하지만 이 사회를 이끌어 나갈 극소수의 사람들은 분명 독서에 더 가속을 밟을 것이다. 독서는 마음과 생각의 폭을 넓혀주는 가장 빠른 방법이며 매력적인 사람으로 자신과 소통할 수 있는 아이드–이미지케이션을 해나가는 쉬운 방법이다.

_ 그까짓 거 대충?

해마다 12월이 되면 다이어리와 가계부를 마련하곤 올해는 이것만은 이뤄야겠다고 다짐을 한다. 1월이 되면 다이어리를 빽빽하게 적어 계획을 세운다. 그런데 달이 갈수록 그 다이어리에 더 이상 계획하고 쓴 흔적이 없어진 경험을 많이 해봤을 것이다. 그리고 연말이 되면 또 후회한다. 아! 지금까지 뭘 해놓은 걸까? 약간의 푸념과 자책을 섞어 놓으면서 말이다.

한 개그맨이 "그까짓 거 대충~"이라는 유행어를 히트시켰다. 현실이 마냥 그랬으면 얼마나 좋을까. 그러나 현실은 냉혹하다.

물론 현실을 풍자하려고 그 유행어를 히트시킨 것도 같지만 "그까짓 거 대충"은 나를 씁쓸하게 만드는 어구다. 성공한 사람들은 어느 분야를 막론하고 자신의 일을 절대로 대충하지 않았다. 그 분야에 정통하고 신물이 날 때까지 연구하고 분석하고 적용시켜 업적을 쌓아 나간다.

친구를 기다리면서 서점에서 책 한 권을 읽었는데 영업사원의 성공담을 담담하게 써내려간 책이었다. 영업사원이라면 고객을 유치하기 위해 전쟁을 불사른다고 한다. 수많은 전단지 박스에 들어가는 명함을 하루에 다 뿌리는데 자동차 판매왕인 주인공은 사람이 많이 사는 아파트를 최적의 시장으로 여긴다. 주인공은 청소 아주머니가 아침마다 전단지를 떼어 가므로 퇴근 시간 이전에 맞춰 전단지를 붙인다는 치밀한 계획을 세웠다. 뭇사람들은 '전단지 그까짓 거'라고 생각하기 쉬우나 그는 남들이 하찮게 여기는 일조차도 가치 있게 해냈다. 1년에 250대를 팔았다니 대단하지 않은가? 1년이 365일인 것을 감안할 때 공휴일을 빼고는 거의 하루에 한 대씩 팔았다는 계산이 나온다.

사람들은 대부분 회사를 그만두면 창업을 하거나 고깃집, 김밥집 같은 분식점을 낸다고 한다. 이때 선택한 고깃집이나 김밥집은 자칫 잘못하면 "그까짓 거 대충"의 산물이 될 수 있다는 걸 간과해서는 안 될 것이다. 풍부한 사전조사와 시장조사, 가게 위치, 맛을 내는 방법 등, 그야말로 고기와 김밥에 대해 미칠 때까지 연구하고 다른 곳에서 먹어 봐야 창업 성공률 10%에 들어갈 수 있다.

우리는 절대로 대충 만들어지지 않았다. 몇십 억의 정자 중에 하나가 난자와 결합해서 탄생한 소중한 존재이다. 그리고 각자의 이미지와 개성이 녹아 있다. 나의 이미지를 함부로 왜곡하거나 업신여기고 비하시키거나 때론 너무 과장한다면 그 사람은 겉으론 멀쩡할지 모르나 정작 자신 앞에 부끄러움을 느낄 수밖에 없다. 아이드-이미지케이션은 건강한 자신과의 의사소통인데, 이렇게 자신의 일을 대충대충 하는 사람들은 자신과 제대로 소통하고 있지 못하다는 증거이기도 하다.

우리가 원하는 바는 아니지만 기업과 회사는 자꾸 젊어지고 있다. 그리고 이미 평생직장이라는 말은 사라지고 있다. 직장인들은 바짝 정신을 차려야 할 때다. 이런 세상에서 살아남을 수 있는 방법은 개개인이 전문가로서 연령과 위계질서에 상관없이 자기만의 영역을 확립하는 것이다.

나도 더 많은 역량을 키워야 한다는 생각에 긴장의 고삐를 다잡곤한다. 이 분야는 뉴스와 기업의 트렌드, 책에서 한시도 촉각을 떼면안 되는 직업이기 때문이다.

지금부터라도 그달그달 월급을 타며 사는 안일한 '대충주의'를 버리고 전문성을 쌓아올리는 일에 매진할 때다. 직장에서 할 수 있는 업무 처리도 대충주의를 버리고 제안서 하나도 깔끔하게 만들도록 노력해야 한다(Chapter 1에서도 다루었지만 '깔끔함'은 아이드-이미지케이션의 중요한 요소 중 하나다). 직장에서 매번 제안서를 늦게 내는 사람들은 똑같은 시간을 줘도 항상 늦는다. 이런 사람들이 만약 마감일에 업무를 마쳤다면 업무를 대충 처리했을 가능성이 높다. 반면에 매번 업무 처리가 빠른 사람은 신속하면서도 정확하게 해낸다. 그러니 아무개에게 일을 맡기면 아무 문제가 없다는 신임을 얻을 뿐만 아니라, 이직을 하더라도 더 나은 대우를 받으며 직장 생활을 할 수 있게 된다.

업무상의 깔끔함을 추구하려면 어떻게 해야 할까? 가능하면 빨리빨리 그때그때 하는 것이 최선의 방법이다.

이메일도 받은 즉시 처리하고 문서정리도 생각날 때 즉시 해놓는게 시간을 벌 수 있는 좋은 방법이다. 업무 처리를 빠르면서도 깔끔하게 해내기 위해선 어느 정도 여유를 갖고 시간을 잘 배분해 계획을 세워야 한다. 또한 일의 빠른 처리를 위해서도 직장 내 기계와 컴퓨터를 다룰 줄 알아야 한다. 그렇게 될 때 업무시간도 단축될 수 있어 일도 매사 깔끔하게 진행할 수 있다. 또한 업무 환경도 깔끔하게 유지한다면 보다 편한 분위기에서 시간에 쫓기지 않고 업무 처리를 해 나갈 수 있을 것이다. 주변 환경이 업무에 미치는 영향은 예상 외로 크다. 그래서 출근 전이나 퇴근 시 서류 정리를 일목요연하게 해놓는다면 필요한 게 있을 때마다 번번이 찾아야 하는 시간을 단축시킬 수 있다.

계획과 시간에 맞춰 깔끔하게 일을 처리해 나가려는 노력을 자꾸 하다 보면 어느새 대충주의와는 거리가 멀어질 것이다.

_ 건강 챙기기

심리학자 윌리엄 제임스는 자기 이미지의 개념 중 신체를 '물질적 자기' 안에 포함시켰다. 병에 시달리고 있는 사람과 건강한 신체를 가지고 있는 사람은 분명히 자아상이 틀릴 것이다. 신체적으로 건강해야 자신과의 원만한 소통이 이루어진다. 어떤 일이건 잘 해낼 수 있으려면 건강한 체력이 바탕이 돼야 하는 시대에 우리는 살고 있다. 공부도 그렇고 일하는 것도 그렇고 젊었을 때는 젊음 하나로 버틴다고 하지만 어떤 일을 하든 간에 결국은 체력전이라는 말을 절감하게 된다.

건강에는 육체적인 건강과 정신적인 건강이 있다. 몸이 건강해야 정신적으로 힘을 낼 수 있다는 건 누구나 느끼는 부분이다. 몸이 건강한 것도 아이드-이미지케이션을 해나가는 데 많은 영향을 준다.

담배를 10년 정도 피운 친구가 있다. 10년 전엔 자타가 공인할 정도로 피부미인이라는 말을 들을 만큼 고왔던 그 친구의 지금 피부는 모공이 넓어졌고 윤기가 없다. 게다가 탈모가 심해져서 고민이 많다. 그러면서도 담배를 쉽게 끊지 못하는 친구를 볼 때마다 안타까운 마음이 든다. 이제는 이목구비 미인보다 피부미인을 더 선호하는 추세여서 특히 젊은 여성일수록 담배를 멀리하는 것이 중요하다. 젊었을 때 몸을 잘 관리해야 건강한 아기를 출산할 준비를 할 수 있고 이는 국가 경쟁력으로도 이어지기에 그냥 넘어갈 수 없는 중요한 문제다. 알코올 중독의 심각성을 다룬 다큐멘터리를 본 적이 있는 데 술을 많이 마셔 뇌의 일부분이 손상되어 기억력을 상실하게 돼 거의 치매 환자의 수준이 되는 장면이었다.

술, 담배를 할수록 건강과 담을 쌓게 되는 것은 물론이거니와 사회생활에 걸림돌이 된다. 담배를 많이 피우는 직장 상사의 입에서 나는 냄새에 비위가 거슬려본 사람은 그것이 얼마나 견디기 어려운 고충인지 알 수 있을 것이다.

여성의 경우 피부에 나는 트러블은 스트레스뿐만 아니라 장기에 이상이 있을 때 더 심각해진다. 피부과를 열심히 다니는 것보다 먼저 자신의 식습관을 체크해보는 것이 피부건강을 위해 더 필요하다. 또한 날씬해지기 위해 식사를 거른다거나 약을 과다 복용한다면 금방 효과가 나타날지 몰라도 골밀도가 감소되고 일을 할 때 에너지를 발산할 수 없게 된다.

남성들의 경우 잦은 술자리는 업무에 지장을 주고 체력을 급격히 떨어뜨릴 수 있다. 담배를 피면서 술을 마시고 고기를 먹고 또 술을 마시는 사람들을 보면 안쓰럽기까지 하다.

건강을 챙기는 방법 중의 하나가 정기적인 건강검진이다. 또한 서구식 식단으로 대장암의 비율이 높아진 걸 보면 우리가 무심코 먹는 음식도 건강을 위해 생각하고 먹을 필요가 있다.

평소에 건강에 자신 있어 했던 주위 사람들이 한번 쓰러지면 못 일어나는 경우를 많이 봐왔을 것이다. 건강은 완성되는 것이라 꾸준히 지켜 나가야 하기에, 건강한 아이드-이미지케이션을 위해서도 자신의 건강을 지키는 것이 필요하다.

건강을 지키는 것이 내 미래의 경쟁력을 키우는 일이니 식사를 조절하고 규칙적인 운동을 해서 건강한 아이드-이미지케이션의 바탕을 마련해보자.

_ 배워서 절대로 남 안 준다

아이드-이미지케이션을 잘하기 위해선 나름대로의 인생 계획과 목표가 있어야 한다. 개인의 목표를 지속적으로 발전시킬 수 있는 최고의 방법은 바로 교육이다.

과거의 교육은 젊은이들이 어떻게 사회에 나올 수 있느냐에 집중했을 뿐이었다. 그러나 이제는 기업에서나 조직에서나 배우지 않으면 살아남을 수 없게 사회가 변화되었고 이에 평생교육의 중요성이 부각

되고 있다. 보다 새로운 기술을 위해 또한 자신의 직급에 도움을 받기 위해서, 새로운 직업을 갖기 위해, 마음속으로 품고 있었던 취미를 살리기 위해 평생교육은 앞으로 더욱 필수가 될 것이다. 과학 기술의 발달 또한 더욱 가속의 페달을 밟기에 이에 따른 변화에 대응하기 위해서도 보다 많은 교육을 받아야 하고, 또한 보다 질 높은 교육이 요구될 것이다. 뿐만 아니라 실업자나 퇴직자 교육도 잘만 활용하면 재취업에 도움이 된다.

직업능력개발과 취업을 동시에 연계시켜주는 여성인력개발센터나 직업전문학교 같은 곳도 평생교육기관이다. 여성인력개발센터에서 강의할 때마다 느끼는 것이지만 그곳에서 배우는 교육이 직업으로도 연결되기에 학습자들은 배움에 대한 열정이 높고 적극적이다. 육아와 살림 때문에 일을 놓았던 사람들이라서 그런지 배우겠다는 의지들이 강하다.

이런 변화를 볼 때 평생교육은 교수자 중심의 교육이라는 개념에서 벗어나 배우는 사람, 학습자 중심으로 많은 변화가 일어나고 있다. 그동안의 학습자는 그저 강의를 듣는 입장이었지만 이제 이론과 실천을 동시에 추구할 수 있는 적극적인 학습자로 변화하고 있다. 배우지 못해서 한이 맺힌 어르신들도 본인의 의지만 있다면 원 없이 교육을 받을 수 있게 되었다. 또한 한때의 실수로 교육을 받지 못한 청소년들도 이런 프로그램을 잘만 활용하면 배움에 대한 욕구를 충족할 수 있다.

평생교육 프로그램은 학교교육과는 달리 과정이 짧아 1년 안팎의 프로그램들이 많아 시간적으로도 이점이 있다. 또한 하루 대부분의 시간을 보내는 것이 아니라 다양한 시간대에 교육이 편성되어 학습자가 학습하기 좋은 시간대를 고를 수 있다.

일반 성인들은 백화점 문화센터, 도서관 프로그램, 대학교의 평생교육원 프로그램을 이용해 비교적 저렴한 가격으로 수강할 수 있다. 또 학점은행 제도도 있어 해당학과에 해당하는 학점을 이수하면 학위취득도 가능하다. 사이버대학도 많아졌고, 이-러닝 E-learning 사이트도 많이 개설되어서 마음만 먹으면 언제, 어디서든지, 누구나 인터넷 사이트에 접속하여 자기가 원하는 부분을 배울 수 있다. 앞으로 평생교육 life long education은 더 보편화될 것이고 더 활성화될 것이다. 현재는 컴퓨터와 관련된 자격증 취득을 위한 사이트가 많이 열려 있다. 한편 이-러닝 사이트의 MBA 과정은 오프라인보다 훨씬 저렴한 수강료로 들을 수 있다. 온라인 사이트는 웹상에서 수업만 듣고 끝나는 것이 아니라 오프라인 모임으로 이어질 수 있는 커뮤니티까지 활성화되고 있다.

배우다 보면 즐거워지기 시작한다. 한순간의 쾌락을 위해 마약과 도박, 게임에 중독되어 자신의 정체성을 상실하는 사람들이 많은 이때에 자신에 대한 정체성을 찾을 수 있고 게다가 즐거움까지 얻게 되니 배운다는 자체가 참 값지다.

교육을 받다 보면 학습을 매개체로 사회적인 관계 social group가 형성된다. 다양한 분야에서 일하는 사람들을 알게 되고 그들이 일하는 분야까지 알게 됨으로써 서로 도움을 주고받는 긍정적인 사회 교류까지 할 수 있게 된다.

또한 생각의 폭이 넓어지게 된다. 고등학교 이전의 교육처럼 떠먹여주는 주입식 교육에서 벗어나 스스로 생각해보고 더 넓은 시각으로 자신과 세상을 동시에 바라볼 수 있는 지혜를 쌓아 나갈 수 있다. 아이드-이미지케이션을 잘하는 사람은 호기심과 열정을 갖고 배우길 좋아하는 사람일 것이다. 교육은 젊은 대학생뿐만 아니라 앞으로 퇴직을 앞둔 사람들, 노인들에게 절대적으로 필요하다. 왜냐하면 앞으로 이변이 없는 한 100세 이상은 문제없이 살 수 있기에 그렇다. 젊은 친구들은 그래서 더 긴장을 해야 되고 중년층은 제2의 인생을 위해서라도 무엇을 하며 살 것인가 계획을 세워 커리어를 차근차근 다시 쌓아야 할 노력이 요구된다.

처음부터 몇 백만 원 하는 고가의 프로그램이 엄두가 안 날 때에는 거주지와 가까운 교육 프로그램을 활용해보는 것이 현명한 선택이다. 생각은 행동을 이기지 못한다. 지금 당장 자신이 관심을 갖는 분야와 자신에게 꼭 필요한데 부족하다고 생각하는 분야에 등록을 해보는 건 어떨까?

_ 혼자만의 시간

아이드-이미지케이션을 잘하기 위해선 무엇보다 혼자만의 시간을 잘 활용할 줄 아는 사람이 되어야 한다. 혼자만의 시간이 차곡차곡 모여 그 사람의 위치와 기반을 만들어버리기에 그렇다.

혼자 있는 시간을 무방비로 보내는 사람이 의외로 많다. 인터넷 게임중독이 된 사람은 우리가 생각하는 것보다 상황이 심각하다. 사회적인 생활이 거의 불가능할 정도로 피폐해지고 원만한 가정생활도 가능할 리 없다. 또한 휴대폰을 잠시도 손에서 놓지 못하는 청소년과 성인들도 시간을 허투루 보내고 있는 것이다. 혼자 있는 시간을 제대로 보내지 못하고 자꾸 타인에게 의지하게 되면 점점 정신적으로 나약해지게 된다. 이 시간을 재충전의 시간과 자기계발을 위한 시간으로 채울 때, 혼자 있는 시간을 유용하게 쓸 수 있다.

같은 직장인인데도 어떤 사람은 여유 있게 자신의 일을 잘해내는데 또 다른 사람은 늘 얼굴에 피곤한 기색이 역력하다. 시간에 쫓기는 사람은 자신이 혼자 있을 때 어떻게 시간을 보내고 있는지 살펴볼 필요가 있다. 만약 후자의 사람이 자신이 원하지도 않는 관계에 많은 시간을 낭비하고 있다면 분명하게 주위 사람에게 거절할 수 있는 단호함도 요구된다. 꼭 해야 할 일이 있음에도 불구하고 친구가 불러낸다고 나가서 시간을 때우는 것이 반복되다 보면 하고 싶었던 일들을 대부분 놓쳐버리게 된다.

컨디션이 안 좋을 때도 있을 것이다. 이럴 때 전화를 받다 보면 본의 아니게 화부터 내게 되고 좋게 해결할 수 있는 문제인데도 서로 기분이 상한 채 할 말도 제대로 못하는 경우가 벌어질 수도 있다. 그러니 만약 컨디션이 안 좋다면 일단 상대에게 자신의 컨디션을 알리고 휴식을 취하는 것이 무엇보다 중요하다. 이때 친구가 기분 나쁘지 않도록 자신의 상황을 잘 알리고 다음에 연락할 시간을 알려준다면 친구도 기분을 상하지 않고 상황을 이해할 수 있을 것이다. 컨디션이 나아진 다음에는 반드시 연락을 준 상대에게 다시 연락을 해야 상대도 맘을 상하지 않고 관계도 소원해지지 않는다.

직장 생활에서 큰 프로젝트를 진행하고 한숨을 돌리는 상황에선 편안하게 휴식을 취하는 것이 필요하다. 일이 잘 안 풀릴 땐 아이디어를 얻을 수 있도록 독서로 많은 시간을 보낸다거나 혼자서 영화를 보거나 가벼운 산책을 한다.

무엇보다 혼자 있는 시간에 꼭 해야 하고 중요한 일에 시간을 많이 배분하는 것이 필요하다. 즉 자기 발전을 위한 시간으로 메워 나가야 한다. 그런데 대부분의 사람들은 지금 당장 중요하지 않은 일에 많은 시간을 할애한다. 퇴근하고 집에 돌아와선 무의식적으로 텔레비전 앞에 앉는다. 텔레비전을 자꾸 보다 보면 자연히 혼자 있는 시간이 무의미하게 지나가 버린다. 또한 컴퓨터를 켜고 여기저기 웹서핑을 하는 것도 아까운 시간을 낭비할 수 있기에 인터넷을 하고 싶다면 가장 일의 능률이 떨어질 때 시간을 정해서 하는 것이 바람직하다.

혼자 있는 시간에 자신이 중요하다고 생각하는 그 일에 집중할 수 있도록 노력해보자. 혼자 있는 시간을 무심히 보내다 보면 아이드-이미지케이션을 제대로 할 수 없게 되고, 결국 자꾸 시간에 끌려 다니는 악순환을 반복하게 된다. 반면에 혼자 있는 시간을 효율적으로 사용하는 사람은 아무리 바빠도 동시에 여러 가지 일을 진행할 수 있게 되며 자신의 역량을 현 위치에서 꾸준히 강화시킬 수 있게 된다.

시간에 임박해 일을 하게 되면 일의 집중도는 높겠지만 일하는 본

인은 에너지를 평상시의 몇 배를 쓰기 때문에 육체적으로 지치고 정신적으로 심한 피로감을 느낄 수 있다. 또한 그 피로감을 회복하기 위한 시간도 더 많이 필요하다. 따라서 평상시에 수시로 다이어리를 점검하고 미리미리 일을 해나가는 습관을 길러야 업무나 자기관리를 성공적으로 수행할 수 있다.

혼자만의 시간이 가장 귀하고 빛을 발할 때는 잠에서 깨어난 1시간 정도다. 이때는 잡념이 가장 없어지고 맑은 기분이 되기 때문에 이 시간을 어떻게 보내느냐에 따라 개개인의 이력에 많은 차이를 가져다줄 것이다. 외국어 공부나 글을 쓰는 것도 이 시간을 유용하게 보내는 방법이다.

시간에 따라 계획을 관리할 수 있는 다이어리를 사용하는 것도 여러 가지 일을 동시에 진행하는 데 많은 도움을 줄 수 있다. 메모를 하는 것과 안 하는 것이 많은 차이를 만들어낸다는 것은 다이어리를 쓰다 보면 쉽게 알 수 있을 것이다.

혼자만의 시간을 자신의 능력, 비전을 위해 효율적으로 사용할 수 있는 사람은 이미 아이드-이미지케이션을 제대로 하고 있는 사람이다. 내 삶의 주인공은 바로 나다. 남들에게 이끌려 아이드-이미지케이션을 이끌어내는 나의 소중한 혼자만의 시간들을 버리지 않기를 바란다.

CHECK POINT!

아이드-이미지케이션은 자신의 정체성identity과 진정으로 소통한다는 뜻이다.

자신의 정체성이 흔들리게 되면 삶의 비전도 찾을 수 없게 되어 무언가에 쫓기는 사람처럼 허둥지둥 시간만 보내게 되며 명확한 기준 없이 그저 타인의 기준에 기대어 다른 이를 평가하고 비방하게 된다.

아이드-이미지케이션은 바디-이미지케이션으로 구체화된다. 눈, 귀, 입 등 신체 기관뿐 아니라 우리의 몸짓, 의상, 스타일도 많은 메시지를 전달한다.

아이드-이미지케이션을 제대로 해나가려면 자신이 하는 일에 만족감과 행복을 느낄 수 있어야 한다. 자신이 진짜 원하는 일이 무엇인지 찾아내고 거기에 **인내**를 가지고 꾸준히 노력할 때 원하는 일을 성공적으로 해낼 수 있다.

더불어 **독서**도 한 방법이다. 또한 스트레스에 슬기롭게 대처하는 것도 아이드-이미지케이션의 중요한 부분이다.

외모 관리에만 치우치지 않고 건강을 관리하는 것도, 자신이 하고 있는 일에 더 많은 발전을 가져다줄 **배움**도 아이드-이미지케이션의 중요한 방법이 될 수 있다.

시간 관리의 중요성을 인식하고 계획적으로 **시간 관리**를 하는 사람, 즉 혼자 있는 시간까지도 제대로 보낼 수 있는 사람은 아이드-이미지케이션을 잘할 수 있게 될 것이다.

바디-이미지케이션 body-imagication
아이드-이미지케이션의 실천 기술

지금까지 자신의 정체성을 소통할 수 있는 아이드-이미지케이션의 구체적인 방법에 대해 살펴보았다.

내가 원하고 진정으로 하고 싶은 분야에 나만의 '주관'을 갖고 '인내'를 가져 자신이 하고 싶은 일을 해낼 수 있다는 걸 다루었고, 독서로 자신에 대한 생각을 폭넓게 확장시킬 수 있는 부분도 언급했다. 또한 보다 깔끔하면서 효율적으로 업무처리를 하는 방법을 다루면서 그것이 '대충주의'를 버릴 수 있게 될 뿐만 아니라 자신이 속한 조직에서 인정받는 계기가 될 수 있다는 것도 말했다. 건강한 신체를 만들기 위한 노력도 내 이미지를 더욱 긍정적으로 비춰질 수 있게 되는 아이드-이미지케이션의 요소가 될 수 있다는 것도 앞에서 살펴보았다.

무엇보다 자신의 정체성을 꾸준히 소통하기 위해 '배움(교육)'은 그 어느 것보다 중요하며, 이 배움이 배움 그 자체로 끝나는 것이 아니라 건설적인 사회교류까지 우리에게 가져다준다는 것도 알아보았다. 마지막으로 아이드-이미지케이션을 위해서는 혼자 있는 시간을 어떻게 보내야 할지가 중요한데, 혼자 있는 시간을 보다 알차게 보낼 수 있는 방법을 구체적인 사례를 넣어 소개했다.

그러니 이제는 이런 아이드-이미지케이션을 구체적으로 실천하는 기술인 '바디-이미지케이션body-imagication'에 대해 논할 때다. 내 자신뿐만 아니라 상대와의 원만한 소통을 이끌어낼 수 있는 한 차원 업그레이드된 전략이자 기술이 바로 바디-이미지케이션이다.

우리 자신의 몸은 단지 신체 기관으로써 끝나는 것이 아니다. 바디-이미지케이션을 통해 자신을 상대에게 표현하고 동시에 타인과의 소통을 이끌어낼 수 있다. 그럼 지금부터 생활 속에서 여러분의 신체 기관을 어떻게 표현하고 소통시켜야 할지 구체적으로 살펴보자.

몸은 비언어적인 다양한 표현을 만들어낸다. 우리도 의식하지 못한 채 소중한 자신을 제대로 소통시키지 못할 때가 있다. 그러나 바디-이미지케이션만이라도 생활 속에 접목시켜 활용한다면 점점 관계가 즐거워지고 동시에 자신감이 향상되는 걸 느끼게 될 것이다. 앞에서 논한 아이드-이미지케이션의 기초를 익히고 바디-이미지케이션을 실천해 지속적인 노력을 기울인다면 여러분은 이제 새로운 나, 즉 '이미지씨'로 거듭날 수 있게 될 것이다.

바디-이미지케이션에서 다룰 부분은 눈, 입, 어깨, 얼굴 표정, 귀,

• 바디-이미지케이션

아이드-이미지케이션의 구체적인 실천 기술로 신체를 이용한 표현 방법이다.

CHAPTER 2_ 나부터 바꿔라, '이미지체'

몸, 팔과 손, 다리 부분이다. 자! 그럼 지금부터 여러분의 신체가 어떤 마법을 일으킬지 살펴보도록 하자.

_ 눈빛으로 소통하자

강의를 나갈 때마다 느끼는 거지만 대부분의 기업체 직원들은 눈빛이 경직되어 있다. 그러나 한 시간쯤 지나면 눈매가 날카로울수록 오히려 눈빛이 따뜻한 분이 많다는 걸 알게 된다.

강의를 거듭하면서 느끼는 것은, 왜 같은 회사의 직원인데 어느 직원은 눈빛이 총명하고 또랑또랑한데 어느 직원은 눈빛이 멍하게 느껴지냐는 것이다. 또한 눈이 크건 작건 간에 눈빛이 선한 분들을 만나게 된다. 눈매가 매서워도 눈빛은 선한 분들이 있다. 반면 눈이 커도 눈빛에선 총기가 느껴지지 않는 직원들도 있다. 나는 그들의 업무방식에 대한 태도와 마인드가 눈빛 속에 그대로 전해진다고 믿어 의심치 않는다.

한국인은 세계적으로 눈이 작다고 한다. 그러나 이제 눈매는 손쉽게 고칠 수 있는 세상이 되었다. 눈 폭이 좁으면 넓게 양옆으로 틀 수 있고 눈두덩이의 지방도 뺄 수 있다. 그러나 성형외과에 가도 절대 건드릴 수 없는 영역이 있으니 바로 눈빛이다.

그런데도 사람들은 착각한다. 눈매만 예뻐지기 위해 힘쓴다. 그래서 어쩌면 크고 시원한 눈매를 만드는 쌍꺼풀 수술이 유행인지도 모른다. 하지만 쌍꺼풀을 아무리 만들든 마음을 그대로 드러내는 눈빛은 어찌하지 못한다.

또한 눈빛에는 그 사람의 '열정'과 '자신감'이 그대로 드러난다. 최근 경제 경영서의 일반적인 흐름은 자기계발이 주를 이루고 있다. 시대가 불경기인 만큼 스토리텔링 자기계발서가 잘 나간다고 한다. 이런 자기계발서에서는 대개 열정과 자신감을 강조하고 있다. 아마도 이런 책들의 주인공은 눈빛부터 다른 사람들과 다를 것이다.

GE의 잭 웰치 전前 회장은 유난히 눈빛이 강렬하다. 그는 직원들에게 지시하는 것이 아니라 관심을 갖고 직원들을 바라보며 질문으로 시작하고 질문으로 마무리한다고 한다. 이건희 삼성그룹 회장의 눈빛도 강하다.

시대가 어렵고 상황이 힘들어도 마음속에 품은 비전vision으로 인해 열정이 타올라 가슴이 뛰고 그것이 자신감으로 발전한 사람은 눈빛부터가 다르다. 왈프 왈도 에머슨이 "우리의 눈빛은 우리의 혀보다 많은 말을 한다"고 말했던 것처럼 눈빛은 내 마음속의 태도와 신념이 그대로 반영되는 유일한 곳이다. 여러분이 CEO라면 지원자의 어디를 보겠는가? 실력이 비슷비슷하고 생김이 비슷비슷하다면 반짝반짝 빛나는 총기를 가진 눈빛에 플러스 점수를 주지 않겠는가?

여러분은 평상시 직장 생활과 인간관계 속에서 얼마나 따뜻하고 기분 좋은 감정들을 많이 느껴봤는가? 당장 기억이 잘 나지 않는다면 그저 일에 치여 살아가고 있는 건 아닌지 자신과 주위 사람들의 관계를

107

한 번 점검해볼 필요가 있다.

반면에 눈빛으로도 사람에게 치명타를 입힐 수 있다. 경멸, 시기, 질투, 혐오, 원망 같은 눈빛은 신체적인 폭력보다 더 무서운 무기가 될 수도 있다. 또 옆으로 눈을 흘겨 뜨고 양미간을 찌푸리고 눈썹을 일그러뜨려 빤히 보는 시선은 원망, 혐오와 경멸로 상대를 쓰러뜨리는 무기가 될 수 있다.

만화만 봐도 비열하고 야비한 사람의 눈빛은 냉정하고 기분 나쁜 빛을 발한다(또 그 안에는 다이아몬드가 번쩍거리고 지나간다). 이렇듯 특히 직장생활에서는 눈빛을 더욱 조심해야 한다. 상사의 열 마디보다 매서운 눈빛 한 번은 직원들의 마음을 더 섬뜩하게 만들 수 있다. 세 명의 친구가 있다고 치자. 그중 한 명에게 두 명이 경멸하는 눈빛을 전달하면 친구 한 명은 병들기도 한다. 그 눈빛은 어쩌면 평생 가슴에 잊지 못할 상처가 될 수도 있다.

그렇다면 좋은 눈빛은 어디에서 나올까? 그것은 전 인류에게 공통된 관심사, 바로 '사랑'이다. 사랑과 이해, 감사의 마음이 있으면 따뜻하고 부드러운 눈빛을 낼 수 있다. 따뜻한 시선은 풀이 죽은 사람에게 그 어떤 약보다 더 효과 있는 선물이 될 것이다. 아무 말도 하지 않고 그저 나는 너를 믿는다는 그 눈빛 하나면 상대방은 다시 자리에서 훌훌 털고 일어날 수 있다.

우리가 맺고 있는 사회적인 관계 social relationship 에서 우리는 무의식적으로 타인에게 힘을 얻고 긍정적인 방향으로 자신을 업그레이드할 수 있는 반면 타인에게 상처받고 관계의 어려움에 부딪치기도 한다.

믿어 주고 잘할 수 있을 것이란 무언無言의 따뜻한 시선을 많이 받은 사람일수록 긍정적이고 적극적으로 살아갈 수 있다. 부모님의 자식들을 향한 신뢰의 시선, 오래된 친구의 진심어린 위로와 격려의 눈빛, 선생님들의 부드러운 눈빛, 직장 상사의 따뜻한 시선, 이렇듯 무심히 지나치고 있는 시선 하나가 이 사회를 건강하게 만드는 소통 communication의 역할을 한다.

시선 접촉을 연구하는 학문은 크게 NVCnonverbal communication 영역 중 'oculesics'에 해당한다. 그러기에 눈빛은 침묵의 언어silent language 와도 같다.

그 다음으로는 시선을 처리하는 방법과 실생활에 적용시키는 것이 중요한데 이런 시선 처리법도 상황에 따라 달라져야 한다.

고객과 대화를 할 때는 상대방의 얼굴을 많이 쳐다보며 열린 자세로 상대방의 말을 경청하는 것이 올바른 시선 처리법이다. 메리 케이 코스메틱스 회장인 메이 케이 애쉬는 "북적대는 방에서 누군가와 이야기를 할 때 그 방에 우리 둘만 있는 것처럼 상대방을 대한다"고 말했다.

상대방이 말할 때 고개를 자주 떨어뜨리거나 주위를 두리번거리는 것은 정서적으로 불안하며 상대의 말을 흘려듣는다는 인상을 줄 수 있으니 주의하자. 만약 당신이 강의를 하는데 수강생 한 명만을 뚫어지게 보고 강의를 한다면 나머지 수강생들은 소외감을 느끼고 심지어는 오해를 할 수 있다(학교 다닐 때를 떠올려보자. 선생님들이 몇몇 학생들만 쳐다보면 그 학생만 예뻐한다고 불만을 토로한 기억이 날 것이다). 만약 직장 상사에게 꾸지람을 들을 때는 시선을 어떻게 해야 할까? 그때는 시선을 약간 아래쪽으로 향한 채(입술은 굳게 다문 채) 일단 상사의 불만이 무엇인지 잘 듣는 것이 상황에 어울릴 것이다.

또 하나 주의할 점이 있다. 안경 쓴 사람이 자꾸 늘어나고 있는 요즘 안경 너머로 상대방을 쳐다본 적이 없는지 곰곰이 생각해보자. 앨런 피즈가 쓴 《바디 랭귀지》라는 책에선 안경 너머로 타인을 보는 것은 상대방을 심판한다는 느낌을 주고 자칫 권위적인 사람으로 보일 수 있다고 한다. 이렇게 안경 너머로 눈을 뜨는 식의 시선 처리는 어떻게 하면 보다 젊어 보일까 노력하는 지금의 상황과 반대인 나이 들어 보이는 이미지케이션이 될 수 있다.

또 특히 본인은 모르지만 옆으로 흘기면서 사람을 보는 사람이 있다. 이건 절대로 해서는 안 되는 시선 처리다. 그렇게 자꾸 옆으로 본다면 사람을 업신여긴다는 오해를 살 수 있다. 그래서 결국 자신이 오해받을 수도 있다는 것을 감안해야 한다.

상대를 똑바로 볼 수 있어야 한다. "성공하는 여자의 대부분은 다른 사람들의 시선을 견뎌내며, 또한 상대방과 능동적으로 시선접촉을 모색한다"고 커뮤니케이션 협상가 코르넬리아 코프는 말했다. 많은 여성들은 예의바른 인상을 주려는 의도에서 시선을 아래로 향한다. 그러나 이런 행동은 상대방에게 소극적인 인상을 심어줄 뿐이다.

말도 중요하지만 때론 몸짓 언어 body language가 더 많은 것을 전하기도 한다. 특히 그중에서도 여러분의 눈빛은 여러분의 마음과 신념과 태도를 그대로 비추고 있는 맑은 거울임을 잊지 말자. 따뜻한 마음과 상대방을 이해하는 마음, 자신감 넘치는 태도는 여러분의 눈빛에 총기를 더해줄 것이다. 눈매는 거짓말을 할 수 있을지 몰라도 눈빛은 거짓말을 하지 못한다. 자기 일에 열정을 갖고, 긍정과 사랑의 눈빛으로 상대방과 이미지를 통(通)한다면 대인 관계 속에서 빛을 발하는 매력적인 사람으로 부각될 것이다.

_ 모든 목소리는 아름답다

입은 나의 의중을 직접 말로 전달할 수 있는 기관이며 입을 통해 목소리가 나오고 다양한 표정을 만들어내기도 하고 음식을 먹는 등 다양한 역할을 해내는 중요한 신체 기관이다.

입의 역할이 이렇듯 다양하지만 여기서는 입을 통해 나오는 사람의 목소리가 상대와 나를 소통해줄 수 있음을 중점적으로 다루고자 한다. 엘버트 메러비언Albert Mehrabian은 메시지 전달에서 무려 38%가 청각적 요소라는 연구 결과를 발표했다. 즉 사람이 말하는 내용보다 그 사람의 말의 속도rate of speech, 높이pitch, 음량volume, 음조tone가 다른 사람에게 더 많이 어필될 수 있다는 것이다.

우연히 성우가 쓴 책을 읽게 됐는데 저자는 아름다운 목소리를 가진 사람만이 성우를 할 수 있는 건 아니라고 말한다. 모든 목소리는 아름답다는 것이다. 자기의 고유한 목소릴 어떻게 가꾸느냐가 중요한데,

이때 음성은 비언어 커뮤니케이션nonverbal communication에서 다뤄진다.

예를 들어 말을 유난히 빨리하는 사람을 떠올려보자. 여러분은 어떤 느낌을 받는가? 성품이 온화하고 신중하다는 인상을 받기보다는 뭔가 시간에 쫓기며 내 말만 하려는 이기적인 사람으로 비춰진다. 반면에 지나치게 느리게 말하는 사람을 떠올려보면 이 역시 가뜩이나 참을성 없는 현대인에게 고역을 주게 될 것이다.

또한 말의 높이pitch가 높은 사람의 목소린 듣는 이의 신경을 곤두서게 할 만큼 피곤함을 준다. 직장에서 만약 당신이 여자 상사이고 말의 높이가 높은 편이라면 낮게 말할 수 있도록 많은 연습을 해야 한다.

목소리 크기volume도 커뮤니케이션에서 상당히 중요한데, 우리나라 식당은 왁자지껄한 편이지만 비즈니스를 하는 외국의 식당은 다 조용하다.

해외 비즈니스를 위한 자리에선 조용히 말하는 것이 필요하다. 목소리가 지나치게 작은 것도 문제지만 목소리 자체가 커 상대방에게 공격적이라는 인상을 주게 되면 상대는 방어적이 될 것이고 성공적인 비즈니스를 성사시키기 어렵다.

연인 사이에서도 큰 소리치는 남자는 여자들이 싫어한다. 큰 목소리를 들으려면 신경을 곤두세워야 하고 호흡도 빨라지기에 듣는 이를 늘 긴장시키기 때문이다. 큰 소리로 아이들을 키우면 아이들은 공격적이 되고 자신도 모르게 불쑥불쑥 소리를 지르게 된다. 큰 소리는 어느 관계에서건 되도록 피하자. 지하철에서 큰 소리로 휴대전화를 하는 사람들도 듣고 싶지도 않은 통화 내용을 다른 이가 들어야 하는 불편을 알았으면 좋겠다.

물론 예외도 있다. 500명 정도가 들어가는 강연장이라면 큰 소리로 강의하는 것이 작은 소리보다 훨씬 낫다.

목소리 어조tone도 신경 써야 할 부분이다. 상대에게 편안함과 신뢰감을 줄 수 있는 어조를 낼 수 있는 것이 중요하다. 사람을 정열적이고 힘차 보이게 하는 요소 중 하나가 목소리 톤이다. 직장에서 프레젠테이션을 해도 어떤 이는 톤이 일관적이고 안정돼서 듣는 이들에게 편안함을 주고, 어떤 이는 파워포인트 자료를 아무리 잘 만들었어도 우물우물 하거나 소리도 작고 자신감이 없는 말투 때문에 자신의 역량을 제대로 발휘하지 못하는 경우도 있다.

강의도 마찬가지다. 처음부터 말의 높이를 높이지 말고 안정되고 낮은 톤으로 조용하게 시작하다가 중요하게 생각하는 부분에선 목소리도 커지고 힘찬 톤으로 강조할 수 있을 때 강의도 더 성공적으로 마칠 수 있다.

좋은 목소릴 위해선 담배와 커피, 탄산음료는 되도록 삼가하고 가급적 물을 많이 마시자. 목소리가 작은 사람은 복식호흡으로 호흡을 단련하고 자꾸 소리 내서 많이 읽어 보는 것도 도움이 된다. 자꾸 배속 깊은 곳에서 말을 하려는 노력이 필요하다.

목소리 하나만으로도 상대는 여러분의 성격과 능력까지 짐작할 수 있다. 목소리가 여러분의 이미지를 소통시킬 수 있는 중요한 요소가 될 수 있다는 걸 인식하고 상황과 장소에 맞게 목소리의 빠르기와 높이와 크기, 어조를 적용할 수 있어야 하겠다.

_ 표정으로 공감하기

사람을 구분할 때 우리는 가장 먼저 얼굴을 본다. 우리의 얼굴은 우리의 신체 이미지를 결정지으며 얼굴에선 다양한 감정을 지어내는 표정이 나타난다. 이렇듯 우리 주위 가까운 사람들의 얼굴을 본다는 것보다는 얼굴 표정을 살피게 된다는 표현이 더 맞다고 할 수 있다. 엘버트 메러비언도 시각적 이미지의 요소 중 얼굴 표정이 주는 메시지의 비중이 크다고 했다.

웃을 때 아무래도 입 꼬리(구각)가 상큼하게 올라가면 확실히 보는 이에게 환한 인상을 전달한다. 우리가 텔레비전에서 만나는 대부분의 연예인들의 미소는 상큼하기 그지없다. 연예인들은 호감 가는 외모와 인기가 중요하니 당연히 자신의 표정에 더 민감할 수밖에 없고 수많은 연습을 반복해서 더 그럴싸하고 멋진 표정을 만들어냈을 것이다.

그러나 가만히 생각해보자. 미소 짓는 얼굴이 마냥 좋다고 상대방에게 계속 웃어만 델 것인가? 유난히 웃음이 많은 사람도 주의할 필요가 있다. 처음 본 상대방이 말할 때마다 웃음을 터뜨리면 상대는 자신이 무슨 잘못을 하고 있진 않은 건지 오해할 수도 있기 때문이다. 인상이 환한 건 인간관계에서 정말 좋은 장점이 될 수 있지만 아무 때나 웃어대면 사람이 헤퍼 보일 수도 있다.

자! 다음 상황을 한번 떠올려보자. 네 사람이 얘기를 나누고 있는데 세 사람은 모두 표정이 밝고 웃긴 얘기가 나오면 박수를 치고 고개를 젖히고 치아를 환히 드러내며 웃는다. 그럴 때 한 사람만 조용히 미소를 짓고 있거나 웃지 않고 있으면 나머지 세 사람은 동시에 불안함과 불쾌함을 느낄 수 있다. 또 세 사람이 하는 대화에 공감하지 않는다는 간접적인 표출일 수도 있다.

상대방이 눈썹을 살짝 올리고 입가가 약간 처진 슬픈 표정을 짓고 있다면 어떤 식으로 대할 것인가? 그때도 상냥하게 입 꼬리를 올려 미소를 지으며 대할 것인가? 그렇게 했다가는 아마 내 슬픔이 너의 기쁨이냐며 싸움으로까지 번질 수 있을 것이다. 상대가 그런 안타까운 상황에 있다면 당신도 슬픈 감정을 갖고 슬픈 표정을 지어주는 것이 진정 표정으로 통하는 바디-이미지케이션 전략이 될 수 있다.

반대로 직장동료나 친구가 기분 째지게 좋은 일이 생겼다면 어떤 표정을 지어야 될까? '나는 원래 소심한 사람이니 내가 표현하지 않아도 이해하겠지' 하고 무표정하게 말로만 축하한다고 끝낼 것인가? 이때는 상대와 같이 기뻐하는 모습을 보이는 것이 상대와 통할 수 있는 한 방법이다.

비언어 커뮤니케이션에서 제대로 소통하지 못하는 사람이 의외로 많다. 이런 것은 제대로 된 이미지케이션이 아니다. 타인과의 원만한 소통을 이끌어내지 못하기 때문이다.

평상시 대인관계에서 미소는 매우 중요하다. 이미 웃음과 미소의 중요성은 텔레비전에서나 책에서 숱하게 다뤄졌다. 그러나 본의 아니게 신체조건으로 자신의 환한 미소를 막는 사람들도 있다. 덧니가 난 사람들 중에는 일부러 입을 가리고 웃거나 윗입술을 덮어 억지로 웃는 사람들도 있다. 경우에 따라서는 덧니가 안 난 쪽의 입가만 올리고 웃기도 한다. 본인은 모르지만 이렇게 자꾸 한쪽만 올리며 웃다보면 상대는 자신을 비웃고 경멸한다는 느낌을 받는다. 덧니 때문에 불편하고 웃기가 껄끄럽다면 과감하게 치료를 받거나 아예 의식하지 말고 환하게 이를 드러내며 웃는 것이 가장 좋은 방법이다. 의외로 치과에 가는 걸 두려워 하는 사람들이 많기에 치과에 가는 게 싫다면 어쩔 수 없지만, 치료를 받으면 예전보다 훨씬 편하고 미소도 자연스러워진다는 것만 말하고 넘어가겠다.

입가가 처지면서 웃는 사람들에게 평상시 표정 근육에 대해 생각해 본 적이 있냐고 물어보면, 그들은 자주 웃는 편이라 그런 근육의 방향 같은 건 생각해보지 않았다고 말한다. 이들은 모르고 있었던 것이다. 자신의 진심어린 미소가 상대에겐 거부감과 빈정거림으로 받아들여지고 있다는 것을 말이다.

이미지케이션의 핵심은 바로 이것이다.

"It's not what you say, but how you say it."

표정 자체가 '무엇'에 해당한다면, 상대방에게 긍정과 공감을 이끌어내고 호감을 주는 것은 '어떻게'의 문제이다.

미소도 마찬가지다. 자신은 타인을 말없이 기분 좋게 바라보는 데 보는 이는 왠지 기분 나쁘다고 받아들인다면 자신의 표정 근육에 대해 살펴볼 필요가 있다. 한국인은 잘 웃지만 서양인과 근육구조가 달라 입 꼬리 올림근이 서양인보다 낮게 위치한다. 그래서 글로벌 사회에서 유난히 안 웃는 민족이라는 얘기가 나온다. 가장 좋은 방법은 거울을 볼 때마다 입 끝을 환하게 올려 웃는 연습을 자꾸 해보는 것이다. 웃음은 혼자 있을 때보다 관계 속에서 만들어진다. 로버트 프로빈은 함께 있을 때가 혼자 있을 때보다 무려 30배나 더 웃게 된다고 하지 않았던가?

또한 주변인 중 늘 힘이 없고 입가가 약하게 처지고 있는 사람들에겐 관심을 가져줘야 한다.

"김 대리, 괜찮아! 내가 뭐 도와줄 일이 없을까"라는 한마디의 관심이 상대에게 누군가에게 위로받고 있다는 느낌을 전달해줄 수 있다.

만약 타인이 말할 때 말끝마다 한쪽 입가만 살짝 올리며 콧방귀를 잘 치는 사람이 많다면 그 조직은 사실 유연한 조직이라고 보기 어렵다. 그 입 표정 하나만으로도 상대를 무시하는 경멸의 투가 담겨져 있기 때문이다. 특히 부하직원이 이런 표정을 자주 짓고 있다면 아마도 그 회사에 더 이상 몸담고 싶지 않다는 의사를 자신의 표정 속에 전달하고 있다고 봐도 무방하다.

상사나 부하직원이나 부모나 자녀나 상대방의 순간적인 표정을 잘 읽어내고 서로를 배려하는 것이 보다 나은 관계를 유지할 수 있다. 평상시엔 상냥한 미소를, 상대가 상처받았을 땐 슬픈 위로의 표정을, 기쁜 일이 있을 땐 화들짝 놀라며 진심으로 칭찬해주는 적극적인 표정을 지을 수 있는 사람은 이미 바디-이미지케이션을 잘하고 있는 사람이다. 또한 상대가 놀라고 있으면 놀라지 않게 진정시키고 안심시킬 줄 아는 배려가 필요하다.

117

강의할 때 난 내 얼굴을 보지 못한다. 그러나 강의 횟수가 거듭될수록 그런 강의를 하니까 강사님 표정이 그렇게 밝고 인상이 좋은 것 아니냐는 칭찬을 많이 받는다.

한 번은 이런 일도 있었다. 강의가 끝났는데 여자분 하나가 자리를 지키고 있었다. 나중에 직업을 물어 보니 의사 선생님이었다.

"저도 강사님처럼 활기차고 밝고 명랑했으면 좋겠는데 그게 잘 안 돼요."

내심 속으로 생각했다.

'와! 박보경, 출세했다. 의사가 널 부러워하니……'

그 분은 사실 1년 전에 다른 곳의 강의에서 만난 적이 있었는데 그때보다 표정이 많이 부드러워지고 밝아져 있었다.

자신의 표정과 태도에 대해 많이 생각하는 사람은 한 번에 확 변하진 않지만 조금씩 나아진다. 나는 그 분에게 내 나름의 처방전을 냈다. 마치 의사처럼 말이다.

"선생님! 스스로 생각하는 것보다 훨씬 오버한다는 식으로 환자를 대하세요. 어린아이가 오면 의례적으로 사탕을 하나 건네주는 것보다 어린아이의 눈높이에서 눈을 빤히 들여다 봐주고 아이를 쓰다듬고 사랑을 담아 사탕을 건네 보세요. 그 애 어머니에게도 명랑하게 인사를 건네 보세요. 정 하기 힘들면 저를 떠올리면서 해보는 것도 괜찮을 것 같은데요."

나를 떠올리라는 건 극약처방이었나? 그래도 이미지 모델을 떠올리면 좀 쉽겠다 싶어 그렇게 말했다.

얘기가 나왔으니 말이지, 의사가 병만을 치료해주는 건 이제 의미가 없다. 병원도 갈수록 경쟁이 치열해지고 동네 의원이 문 닫는다는 말도 심심치 않게 들려온다.

영화 〈패치 아담스〉의 실제 주인공 패치 아담스도 '환자에게 필요한 건 단순한 약 처방이 아니라 환자에 대한 사랑과 관심'이라고 했다.

표정은 순간의 감정을 드러낸다. 그 표정을 잘 감지할 수 있는 리더나 관리자, 부하직원들은 다른 조직보다 훨씬 부드럽게 조직을 이끌 수 있다. 가정에서도 마찬가지다. 부모로서 또한 배우자로서 상대의 표정 속에 담긴 여러 가지 감정을 빨리 알아차리고 그에 맞게 상대를 배려하는 행동은 OECD 국가 중 가장 높은 이혼율을 막을 수 있는 중요한 방법일 수 있다. 뿐만 아니라 청소년의 비행을 막을 수 있는 중요한 대처 방법도 된다.

표정은 그 누가 뭐라 해도 중요하다. 그러나 표정에 따른 바디-이미지케이션을 어떻게 할 것인지는 더 중요하다. 이제는 작은 것에도 민감해져야 할 때다. 이미지케이션은 사랑과 센스에서 출발한다는 걸 잊어서는 안 된다.

_ 열린 귀로 통通하기

사람들은 듣는다는 것을 지극히 당연한 소통 방식이라고 생각한다.

그러나 제대로 듣는다는 것은 참으로 어려운 일이다.

우리는 흔히 이렇게들 다툰다.

"내가 분명히 말했잖아. 도대체 귀를 폼으로 달고 다녀?"

"답답하네! 못 들었어. 언제 그랬는데……."

"내가 더 답답하다. 진짜, 아휴~."

당사자는 분명히 말했다며 답답해하고 또 한 사람은 언제 그랬냐며 자신도 답답해한다. 어떤 사람은 내용을 다 듣지도 않고 결론부터 말하라며 얘기를 자르는 사람도 있다. 또한 상대방이 신나서 얘기하는데 시무룩하고 못마땅한 표정을 지어 이야기하는 사람의 흥을 깎아내리는 사람도 있다.

생활 속에서 잘못 들어서 손해를 본 경험을 들자면 너무나 많다. 직원이 물건의 주문을 제대로 받지 않아 회사에 막대한 손실을 입힌 경우가 있을 것이고 약속장소를 분명히 말했음에도 불구하고 제대로 듣지 않고 다른 곳으로 가서 기다린 경우도 있을 것이다. 실상 사람들은 남의 얘기를 수박 겉핥기식으로 많이 들으며 오해와 손해를 보는 데도 별문제 없는 듯 살고 있다.

나의 강의를 들은 수강생 중 자신은 '듣기'를 제대로 못한다는 말을 한 K씨가 있었다. 강의 도중 실습을 통해 K씨의 반응을 보았는데, K씨는 상대가 말을 하면 끝까지 듣지 못하고 중간에 말을 자르는 습관을 가지고 있었다. 내가 그 점을 지적하자 K씨도 동감하며 이후부터 지루한 내용이라도 끝까지 듣는 연습을 해야겠다고 말했다.

"It's not what you say, but how you say it."

들기 자체가 '무엇'에 해당된다면, 열린 귀로 상대방의 내면에 들어가 서로 공감을 이끌어낼 수 있는 것은 '어떻게'의 문제이다.

'말하는 것보다 듣기가 중요해서 귀가 두 개고 입이 하나'라는 《탈무드》의 좀 진부한 얘기는 관두더라도, 잘 듣는다는 것은 어렵지만 커뮤니케이션에서 무척 중요하다.

말하기가 중요해 스피치를 따로 배우러 다녀도 원만한 커뮤니케이션을 위해선 말하는 것보다 듣는 것이 더 중요하다. 자기소개 정도를 빼고 작정하고 연설을 하지 않는 이상 말을 잘하려면 먼저 귀 기울여 잘 들을 수 있을 때 상황에 맞는 응수와 대답이 가능해진다.

경청하고 있으면 상대는 존중받고 있다는 존재감을 느끼게 된다. 또 그 말에 수긍하는 열린 자세를 하고 있으면 화자는 뿌듯해질 수밖에 없다. 거기에다 고개까지 끄덕거려주면 상대는 자기가 하고 싶은 말의 세 배에서 네 배의 말을 더 하게 된다고 한다.

그런데 현실에서 듣기는 매우 어려운 일이다. 상당한 집중을 요구하기도 하고 환경의 영향도 받는다. 아무리 잘 들으려고 해도 바깥에서 소음이 나는 공사를 해대고 청자가 피곤하다거나 컨디션이 안 좋을 경우 경청은 어려워진다.

그러나 그보다 더 근본적인 이유가 있다. 내 입장만 생각하고 내 고집으로 꽉 차 상대를 인정하지 않기에 제대로 귀담아 들리지 않는 것이다.

121

'듣기를 잘 해야 하는 사람은 누굴까?' 라는 질문은 우문이다. 듣기는 모든 사람에게 꼭 필요하다. 좀 더 너그럽게 상대방의 내면으로 들어가 상대가 말하지 않는 그 무언가를 들을 수 있는 열린 귀로 경청하고 상대와 통하는 바디-이미지케이션을 잘하는 사람이 되었으면 한다.

_ 당당하게 어깨를 펴자

더운 날씨는 사람을 지치게 만들고 성취동기마저도 깎아 먹는다. 그래서 휴식을 취하면서 충전을 좀 하라고 겨울휴가는 없어도 여름휴가는 있나 보다.

여름에 가족끼리 가까운 수영장에 갔다. 아이들은 하나같이 물만 보면 뛰어 들어갔지만 대부분의 엄마들은 물속에 잘 들어가지 않고 파라솔 그늘 아래 앉아 있었다. 그들의 모습을 찬찬히 살펴보다 한 가지 신기한 현상을 발견했다. 다들 모두 약속이나 한 듯이 엄마들의 등이 구부정하게 앞으로 휘어져 있었다. 물론 나도 구부정해 있던 어깨를 펴려고 등을 쫙 폈다. 왜냐하면 구부정한 자세가 몸매를 망치는 건 둘째 문제고 건강상에도 좋지 않고 보기에도 안 좋다는 걸 익히 알고 있기 때문이다.

일단 등이 굽어 있는 사람은 등이 곧은 사람보다 자신감이 없어 보인다. 심지어 나이도 실제 연령보다 많아 보일 수 있다. 또한 옷맵시도 잘 나지 않는다. 그건 남자나 여자 모두에게 해당되는 얘기다. 이렇게 등을 구부리다 보면 나이가 들수록 더 구부정하게 된다. 또한 자꾸 몸의 기관이 안쪽으로 굽기 때문에 산소를 받아들이는 양도 적어지게 돼 호흡기 계통의 건강도 안 좋게 된다.

내가 진행하는 강의 프로그램에 건설 쪽에서 일하는 J씨가 있었다. 그는 직장에서 모든 프레젠테이션을 자신이 진행한다고 할 만큼 능력을 인정받는 엘리트였다. 문제는 J씨의 자세였는데, 유난히 마른 J씨의 어깨가 다른 남자 수강생들보다 굽어 있었다. 자세를 교정하고 J씨의 걷기까지 한번 보았는데 이번엔 어깨를 신경 쓰다 보니 몸 자체가 뒤로 넘어가 있었다. 항상 어깨를 의식적으로 바로 펴야 한다고 말했더니 J씨의 자세가 많이 좋아졌고 훨씬 더 자신감 있게 걷는 모습을 보니 뿌듯했다.

연예인과 모델들을 한번 떠올려보자. 다들 등이 곧고 자세가 좋다. 특히 영화배우 김혜수 씨의 어깨를 편 곧은 자세는 아름다운 몸매를 유지하는 비결일 것이다. 싱그러운 미남, 미녀들 중 구부정한 어깨를 한 사람은 거의 찾아볼 수 없다. 그들은 바디 랭귀지의 힘을 어느 누구보다도 잘 아는 직업을 가졌기에 자신의 몸동작 하나하나에 신경을 쓰는 것이다.

"It's not what you say, but how you say it."

자세 자체는 '무엇'에 해당하는 문제지만, 당당하게 어깨를 편 자신

123

감 있는 자세는 '어떻게'의 문제이다.

등을 활짝 펴고 식사를 하는 것은 뱃살을 방지하는 데도 많은 도움이 된다. 여러분도 지금 앉은 상태에서 어깨만 펴도 배가 들어가는 느낌을 받을 것이다. 또 벽에 반듯하게 서보자. 평상시에 어깨가 많이 굽어 있었다는 걸 발견하게 될 것이다. 그런데 대부분의 주부들은 다리 하나는 세우고 다리 하나는 무릎을 구부린 채 구부정한 자세로 식사를 한다. 출산의 영향에다 어깨까지 구부정하니 등은 굽고 허릿살과 뱃살은 나날이 나오게 되니 몸의 라인이 망가질 수밖에 없다.

물론 처음에는 등을 펴고 어깨를 편다는 행동 자체가 성가시다. 근육도 관성이 있기에 안하던 자세를 하다보면 몸이 아프기까지 하다. 그러나 자꾸 등을 펴는 습관을 들이다 보면 그 행동들이 다시 긍정적이고 적극적인 마인드를 만드는 데 영향을 미치게 된다.

국내 화장품 업계의 CEO의 강연이 있었다. 그 분도 하도 어깨가 안 펴져 석 달 동안 똑바로 누워 베개를 얹고 잤더니 펴졌다고 한다. 실제로 예순이 훨씬 넘은 나이임에도 상당히 젊고 패기가 넘쳐 보였고 어깨는 활짝 펴 있어서 깜짝 놀랐다.

어깨를 펴는 자세 하나만으로도 우리가 얻을 수 있는 것은 많다.

우리의 행동과 자세는 타인에게 더 많은 메시지를 주고 있다는 걸 명심하고 배에 힘을 주면서 어깨를 꼿꼿이 세운 자세를 유지하자.

_ 컬러를 생활 속에 접목하기

컬러는 빛이며 전자파의 일종이다. 전자파는 파동이 있는데 이때 육안으로 볼 수 있는 광선이 가시광선이고 볼 수 없는 것이 자외선과 적외선이다. 가시광선 중 파장이 가장 긴 것이 빨강색, 파장이 가장 짧은 것이 보라색이다. 이 스펙트럼 안에 우리가 볼 수 있는 수천가지 색들이 존재한다.

예전 지리 시간인가, '좌청룡, 우백호, 남주작, 북현무'를 무턱대고 외웠던 기억이 난다. 알고 보니 이것이 바로 오방색을 뜻하는 데, 오행 중 목木에 해당되는 색은 동쪽으로 해가 떠올라서 만물이 소생하기에 청색이다. 신체의 오관 중 에너지를 만들어내는 간이 목에 해당된다.

남쪽은 태양이 강렬하게 내리쬐기 때문에 붉은색이고 오행 중 화火에 해당된다. 붉은색은 오관 중 심장의 기능과 연관이 있다고 해서 토마토, 대추, 오미자, 붉은 사과, 산딸기 같은 붉은 색깔 음식은 에너지를 공급하고 혈액순환을 돕는다.

오행 중 토土에 해당하는 색은 노란(황)색이다. 노란색은 오관 중 비장과 위장의 기능을 담당하며 늙은 호박이나 살구, 노란 파프리카 같은 채소가 소화흡수에 좋은 음식이다.

오행 중 금金에 해당하는 서쪽은 그 금의 빛이 부딪쳐서 흰색이 된다. 아울러 흰색은 오관 중 폐장과 관련이 있다. 그래서 감기에 좋은 도라지도 있고, 양파, 마늘 같은 채소가 있다.

마지막으로 오행 중 수水에 해당하는 북쪽은 물이 고이기 때문에 검은색이며 노폐물을 걸러내는 신장과 연관이 있다. 검은색 음식은 색 때문에 한국인들이 꺼려하기도 했는데 요즘은 웰빙 음식으로 각광받고 있다.

이렇듯 컬러가 우리 몸의 장기와 방향, 오행까지 연관이 돼 우리 조상들이 슬기롭게 색을 사용했다는 걸 알 수 있다.

이 세상이 검정과 흰색으로 되어 있다면 재미가 없었을 것이다. 요즘은 컬러 테라피도 유행이고 건물을 하나 지어도 컬러 인테리어에 많은 신경을 쓰고 있다. 컬러는 1차 색인 빨강, 파랑, 노랑이 있으며 2차 색은 빨강과 노랑을 섞은 주황, 노랑과 파랑을 섞은 초록, 빨강과 파랑을 섞은 보라가 있다.

색채학자들이 말하는 빨강은 에너지원인 동시에 정열을 상징하고 위험을 뜻한다. 붉은색 계열은 식욕을 자극하는 색으로 과자와 라면 봉지에 주로 빨강, 주황 같은 색들이 쓰인다.

그렇다면 빨간색을 좋아한다고 해서 온 방안을 빨간색으로 꾸밀 것인가? 아마 그렇게 방을 꾸민다면 10분도 안 돼서 방을 뛰쳐나올지도 모른다. 쿠션, 시계 같은 비교적 작은 장식품에 빨간색을 사용한다면 기분 좋게 좋아하는 컬러를 사용할 수 있다.

또한 빨간색은 전진하는 색이다. 따라서 집이 좁은데 빨간색을 많이 쓰면 집이 더 좁아 보일 것이다. 집이 좁아 보인다면 차라리 후퇴색인 청색 계열을 사용하는 것이 같은 집이라도 넓어 보일 수 있다.

같은 빨간색이라도 진한 쪽은 양의 기운이고 빨강에 흰색을 섞은 분홍은 음의 기운이 강하다. 분홍은 사랑스럽고 여자아이들이 유난히 집착하는 색이기도 하다. 색채학자들은 분홍을 어머니의 자궁을 뜻하는 정서적으로 안정된 색이라고 한다. 이런 색의 심리를 이용해 사랑이 부족한 아이들이 많은 보육시설을 분홍으로 꾸며주면 더 안정된 생활을 할 수 있다.

파랑은 전 세계 사람들이 가장 무난하게 좋아하는 색이다. 프레젠테이션을 할 때 파랑을 주조로 하면 훨씬 집중도도 높아지고 시간도 빨리 간다고 하니 직장생활에서 활용하면 좋을 듯싶다. 그러나 막연히 파란색이라 하여 모두 같은 의미는 아니다. 아주 옅은 하늘색은 무한한 꿈을 나타내는 긍정의 컬러인데 반해 짙은 네이비는 권위와 압력을 뜻한다. 요즘은 바뀌었지만 몇 해 전의 경찰 유니폼을 떠올리면 금방 이해가 될 것이다.

녹색은 자연과 안정의 색이다.《색채 심리》에서는 의사의 수술복이 초록색인 이유를 피의 붉은색의 잔상을 녹색이 커버하면서 의사에게 수술의 압박감을 덜어주고 환자에게도 안정을 주기 때문이라고 설명한다. 책상에 조그만 화분을 놓는 것이 일의 효율성을 높이고 평안함을 주므로 눈이 피로한 직장인, 컴퓨터 업무가 많은 이들에게 좋다.

주황색은 위험을 표시하는 색이고 사교적인 색이기도 하다. 주황은 가격이 싼 상품과 식욕을 자극할 때 많이 이용되는데 천 원짜리 김밥집의 간판이 다 주황색인 걸 보면 맞는 것도 같다.

또한 주황은 사교적인 색이다. EBS 어린이 프로그램 〈방귀대장 뿡뿡이〉의 복부비만형의 사랑스런 뿡뿡이 캐릭터의 컬러가 주황색인데,

몇 년째 어린 아이들과 다정하게 놀아주고 있다.

보라는 혼합된 감정의 색이다. 전진을 뜻하는 빨간색과 후퇴를 뜻하는 파랑이 섞여 만들어낸 색이기에 그렇다. 성경에 보면 '부유한 사람이 자색 옷을 입고'라는 구절이 나오는데, 이 보라색은 신분과 권력을 상징하기도 한다.

또 《색채 심리》에서는 우리가 은연중에 마음이 아프거나 상처를 받고 있을 때 보라색을 고른다고 한다. 이는 파장이 가장 짧은 보라색이 우울한 마음을 치료하는 기능이 있기 때문이다.

컬러로도 충분히 우리의 이미지를 소통할 수 있다. 하다못해 메이크업을 하든, 옷을 고르든, 액세서리를 고르든, 넥타이를 선택하든 간에 컬러는 밀접한 관련성이 있다. 여성들의 메이크업도 컬러의 선택에 신중할 필요가 있다.

의상을 고를 때 자신에게 어울리지 않는 컬러를 입으면 피부의 단점이 보이고 얼굴형이 퍼져 보이기도 하고 피부가 탁해 보이기도 한다.

동양인이라고 해서 모두 피부색이 같은 것은 아니다. 중요한 것은 사람의 피부 톤마다 어울리는 컬러도 다 다르다는 점이다. 독자들이 이해하기 쉽게 차가운 유형cool type과 따뜻한 유형warm type 두 가지만 일단 말하려고 한다(생김새가 차갑게 생겼다, 따뜻하다 하고는 전혀 상관없고 피부색에 근거한 구분이다).

예를 들어 피부가 중간 톤이면서 붉은 기운이 많이 돌면 차가운 유형cool type인데 은회색, 블루, 핑크, 청회색 같은 컬러가 잘 어울린다.

반면에 피부가 핏기가 없는 편이면서 노란 기운이 많이 돌면 따뜻한 색인 골드, 주황, 카키, 연두 같은 색이 잘 어울린다. 물론 블루를 사용할 수도 있다. 차가운 유형의 블루와는 다른 따뜻한 기운이 도는 파랑을 고르면 적절한 선택이 될 수 있다. 메이크업도 자신에게 맞는 컬러를 사용한다면 피부 톤이 훨씬 밝아 보이고 생기 있게 보여 젊어 보일 수 있다.

남성들도 컬러를 잘 사용하면 얼굴 이미지를 더 선명하게 부각시킬 수 있다. 안경테만이라도 자신의 피부에 맞게 잘 고르면 상당히 멋져 보일 수 있다. 차가운 피부 유형에는 실버나 파스텔 계열과 블랙, 네이비 같은 안경테가 어울릴 것이고 따뜻한 피부 유형은 금테나 브라운계열 뿔테가 잘 어울린다.

이렇듯 색이 있어 삶이 더 풍요로워지고 재미있어진다.

자신의 피부 유형에 맞게 칼라를 고르는 것도 중요하고 기분을 살릴 수 있게 컬러를 활용하는 것도 좋은 이미지케이션의 한 방법일 수 있다. 색채학자의 주장에 따르면 그날그날의 기분을 컬러로 표현해보는 것도 컬러 감각을 키울 수 있는 좋은 방법이라고 한다.

생활 속에서 컬러를 의상과 액세서리에 접목시켜보자. 지금보다 훨씬 감각적인 바디-이미지케이션이 가능해질 것이다.

쇼핑을 센스 있게 해야 한다는 걸 알고 있으면서도 백화점이나 상점에 가면 수많은 옷들에 기겁을 하고 점원이 골라주는 옷을 선택하는 경우가 많다.

의상은 자신을 표현해주는 바디-이미지케이션에서 비언어적인 요소로 중요한 비중을 차지하기에 신중하게 선택해야 한다.

남성들의 경우 보통 양복을 입게 되는데 이때, 자신의 체형과 얼굴형에 맞게 의상을 고르는 것이 센스 있는 쇼핑이다.

지나치게 마른 남성은 자신의 체형을 보완하기 위해 큰 치수의 옷을 택하는 일이 많은데 그러다 보면 체형이 더 왜소해 보인다. 차라리 광택이 나는 소재의 양복을 구입하는 것이 마른 체형을 보완할 수 있다. 또한 드레스 셔츠(보통 와이셔츠라고 불리는데 정확한 명칭은 드레스 셔츠다)도 자신에게 맞는 크기를 선택하는 것이 중요하다. 목과 깃이 떠 보이면 사람이 초라하게 보인다. 목이 지나치게 가는 사람들은 목의 버튼이 두 개 있는 드레스 셔츠를 고르는 것도 센스 있는 선택이다. 반면에 목이 굵은 체형은 목 부분의 칼라가 낮게 재단된 드레스 셔츠를 구입하거나 넓은 칼라의 셔츠를 입는 것이 활동하는 데 편하다. 칼라의 깃은 엄지가 들어갈 정도의 여분이 있는 것을 고른다. 또 슈트를 입었을 때 소맷부리가 1~2cm 보이는 것이 딱 맞는 셔츠라고 보면 된다.

드레스 셔츠의 색도 요즘은 다양해졌다. 패션 감각이 뛰어난 180cm

이상의 젊은 신세대나 연예인이 아닌 이상 자줏빛이나 현란한 와이셔츠는 그다지 어울리지 않는다. 흰색이나 파스텔 블루의 드레스 셔츠가 보편적인 비즈니스 셔츠 색이다.

비즈니스 정장은 예나 지금이나 깔끔한 것이 관건이다. 의상을 고를 때도 '깔끔함'은 역시 중요하다(Chapter 1에서 다루었던 이미지케이션의 요소 중의 하나가 이 '깔끔함'이었다). 뼈대 있는 재벌가 집안의 며느리들이 즐겨 입는다는 브랜드의 의상은 디자인이 극도로 절제되어 심플하다. 깔끔함은 화려함을 넘어서는 매력이 있다. 비즈니스에서 의상은 깔끔하고 단정할수록 신뢰감을 높일 수 있다.

항상 주의해야 할 것은, 입었을 때 의상이 나를 압도하는 느낌이 아니라 나한테 의상이 스며들어 조화를 이룬다는 느낌이 들었을 때가 가장 좋은 착장이라는 사실이다. 그래야 옷 따로 사람 따로 놀게 되지 않는다.

배가 많이 나온 사람이라면 겨울에 입는 풀오버(조끼)보다 시선 분할 효과가 있는 카디건이 좋은 아이템이고, 투 버튼 양복이라도 하이 투 버튼보다 깊이 파인 투 버튼 양복이 좋은 선택이 될 수 있다.

다리가 키에 비해 짧으면 바지에 커프스 단이 있으면 다리가 더 짧아 보일 수 있으니 차라리 단을 없애는 것이 낫다.

상체가 발달한 역삼각형의 체형을 가진 사람은 하의를 넉넉하게 입어 균형을 이루도록 하고, 하체가 발달한 삼각형의 체형을 가진 사람은 어깨를 보완할 패드가 있는 재킷을 선택하는 것이 자신의 체형을 보완하는 데 도움을 준다.

피부가 어둡다면 환한 색보다는 톤이 다운된 색을 고르는 것이 더 안전한 선택이 될 수 있다. 이때 개인마다 어울리는 컬러가 있다는 걸 앞에서도 언급했는데, 일단 마음에 드는 의상을 고른 후 거울을 보고 의상을 얼굴 가까이 대보아 얼굴 피부색이 어두워지면 안 어울리는 컬러이고, 환해지면서 얼굴형이 선명해진다면 자신에게 어울리는 컬러이다(물론 처음에는 어렵겠지만 자꾸 하다 보면 안목이 생기기 시작한다).

남자들이 감각적으로 멋을 낼 수 있는 부분이 넥타이다. 넥타이의 문양은 여러 가지가 있는데, 이 중에서도 스트라이프는 역동적이고 진취적인 무늬이다. 사선 자체의 느낌이 수평선보다 활동성 있고 동적인 느낌을 주기 때문에 정치인들이 애용한다. 좀 더 자신감 있고 패기 넘치는 사람으로 비춰지려는 의도도 넥타이에 반영하는 것이다. 지적이고 시청자에게 호감을 줘야 하는 아나운서들도 즐겨 사용한다. 이때 주의할 것은, 얼굴이 크고 체격이 큰 사람들은 스트라이프의 간격이 좁은 것보다 넓은 것이 훨씬 잘 어울린다는 것이다. 반면에 얼굴이 작고 체격이 왜소하면 스트라이프의 간격이 좁고 얇은 것이 더 잘 어울린다.

고급 실크 소재의 무지 타이는 어느 곳에서나 잘 어울리는 아이템이다. 드레스 셔츠와 잘 매치하면 패션 감각이 살아나 보인다. 언젠가 삼성 서비스 아카데미에 들른 적이 있는데, 이곳의 직원들은 짙은 네이비 슈트 안에 화이트 셔츠를 입고 레드 무지 타이를 깔끔하게 매고 있었는데 무척 인상적이었다. 기업의 간부급 인사들도 무지 타이를 잘 이용한다. 그러나 사람을 많이 상대하는 영업사원인 경우 좀 더 부드러워 보이고 싶다면 잔잔한 물방울무늬나 따뜻한 색의 문양이 들어 간 타이를 매는 것도 자신의 직업을 보다 효과적으로 어필할 수 있다. 잔잔한 도트 무늬도 좋은 선택이다.

   자신만의 독특한 이미지를 연출하고 싶다면 나비넥타이도 괜찮다. 치과의사나 이비인후과의사, 소아과의사들은 나비 타이를 매보는 것 도 신선해보일 수 있다. 그러나 상체에 비해 하체가 짧다면 나비 타이 를 피해야 한다. 왜냐하면 상체에 세로로 가는 선이 없어 자칫하면 하 체가 더 짧아 보인다는 느낌을 받기 때문이다.

지나치게 장식이 많거나 화려한 무늬나 소재를 잘못 선택하게 되면 그 사람의 업무능력마저 의심받을 수 있다. 쇼핑을 할 때 점원의 말을 무턱대고 믿기 보다는 자신의 안목을 키워 나갈 수 있는 기회로 삼는 것이 중요하다. 특히 비즈니스 정장은 한 번 입고 말 의상이 아니고 오래 입을 수 있기에 신중하게 선택해야 한다.

_ 개인 영역도 신경 쓰자

사람이라면 누구나 자신의 공간을 갖길 원한다. 이제는 각자의 방을 가지는 경우가 흔해졌지만 식구가 많은 가족의 틈에서 자란 사람들은 형제끼리 혹은 자매끼리 같은 방을 쓰면서 자신의 방을 소망한 경험이 있는 사람들도 있을 것이다. 또한 자신의 방에 누가 노크도 없이 문을 열었을 때의 불쾌한 감정도 쉽게 떠올릴 수 있을 것이다. 자신의 공간에 허락도 없이 누가 들어오게 되면 소리를 버럭 지를 수도 있고 매너도 모르냐며 싸움까지 일어날 수 있다. 이것은 자신의 영역을 침범했다는 불쾌감을 나타낸 것이라 볼 수 있다.

사람은 상대에 따라 적당한 거리와 영역을 유지할 때 편안함을 느낀다. 친한 사람은 가까이 있어도 아무런 불편함을 못 느끼지만 친하지도 않은 사람과 가까이 있게 되면 당황하게 되고 몸가짐도 불편하며 조심스러워진다. 예를 들어 사람들로 꽉 찬 엘리베이터를 생각해보자. 갑자기 편하게 쉬던 호흡도 조심스러워지고 최대한 가방을 몸에 밀착

시키게 되고 팔과 다리에 긴장을 하게 된다. 이는 극히 자연스러운 현상이다. 모두 타인의 공간을 지켜주려는 행동이며 타인에게 불쾌감을 주지 않으려는 데서 기인하기 때문이다.

우리가 보다 원만한 바디-이미지케이션을 해나가기 위해서는 공간과 영역을 잘 활용할 필요가 있는데, 이에 대해 먼저 연구를 한 사람이 있다. 미국의 인류학자 에드워드 홀Edward Hall은 공간에 대한 새로운 신조어 'proximics'를 만들어냈다.

홀의 이론을 인용하자면, 우리는 상대와의 거리를 자유롭게 조절할 필요가 있다. 가장 가까운 거리를 '친밀한 거리'라고 하며 45cm 이내의 거리이다. 이 거리엔 가장 가까운 사이만이 가능한데, 예를 든다면 애인, 부모, 부부, 애완동물이 이 거리에 들어올 수 있다. 그런데 이 거리에 있어도 괜찮을 관계의 사람들이 멀리 떨어져 있다면 제대로 소통이 일어나고 있지 않다는 뜻이다. 서로 싸우거나 얘기조차 하고 싶지 않을 때 방문을 걸어 잠그거나 한 사람이 나간다거나 하면 당연히 거리감이 생기게 될 것이다. 반면에 낯선 사람이 이 거리 안에 들어온다면 불편함을 느낄 것이다.

그러나 이 거리에 들어올 수 있는 예외의 사람들이 있는데, 의사와 미용사들은 친밀한 거리에 들어올 수 있다. 이 친밀한 거리에 들어와야 진료가 가능하고 머리를 매만질 수 있기 때문이다.

그다음 46cm에서 120cm에 해당되는 거리는 '사적인 거리'로 불리며 사교모임이나 친구들과의 만남에서 가능한 거리다. 120cm에서 360cm에 해당되는 '사회적 거리'는 잘 모르는 사람을 대할 때 두는 거리다. 마지막으로 360cm 이상은 대중 강연에서 요구되는 거리다. 대중 강연을 할 때 청중과의 거리를 좁히기 위해 청중에게 가까이 다가간다면 뒷자리에 앉은 청중은 연사가 보이지 않으니 거리를 둔 채 강연을 하는 것이 훨씬 효율적이라 할 수 있겠다.

여러분의 사무실이나 방에 노크도 없이 불쑥 들어온다면 불쾌하다고 느낀다. 누군가가 여러분의 물건을 동의 없이 쓸 때에도 언짢아질 것이다. 여러분이 어떤 위치와 직급에 있든지 상대에 대한 공간을 존중하고 영역을 침범하지 않는 것이 현명한 직장생활을 하는 방법이다.

어느 모임이든지 새로 온 사람을 반긴답시고 너무 가까이 다가서서 상대와 접촉하려 한다면 상대는 분명 불편함을 느낄 것이다. 그렇다고 어느 정도 친분이 생겼음에도 멀리 떨어져 있으면 상대는 서운함을 느낄 수 있으므로 적당한 거리를 유지하는 것이 중요하다.

_ 팔과 손동작에 유의하기

우리는 정치인들이 선거철만 되면 힘차게 악수를 하는 모습을 자주 접하게 된다. 연인끼리 팔짱을 끼고 걷는 모습이나 어린아이를 부드럽게 쓰다듬는 엄마들의 모습도 거리에서 자주 볼 수 있다. 이렇듯 우리는 서로 따뜻한 교류를 나누기 위해 손과 팔을 사용한다.

비언어 커뮤니케이션nonverbal communication 영역 중 접촉에 관한 학문인 'haptics'가 있다. 미국의 한 연구 결과에 따르면 가만히 얘기만 하는 그룹에서 서로의 호감도를 평가한 것과 대화를 하는 도중 가볍게 터치를 한 그룹을 비교했을 때 후자의 그룹이 "믿을 수 있고, 편안함과 안정감을 느껴 더 친근하다"는 연구결과가 나왔다.

그러나 손이나 팔은 이렇게 긍정적인 교류 수단으로만 이용되지 않는다. 싸움을 할 때와 폭력을 행사할 때, 때론 자기 자신을 학대할 때 무시무시한 파괴를 일으키는 신체 부위로 바뀔 수 있다. 상대를 밀치거나 때리거나 물건을 던지거나 꼬집거나 하는 행위도 다 손으로 한다.

그럼 이 손이라는 신체 부위로 어떻게 바디-이미지케이션을 할까.

회의에서 모두들 열심히 토론을 하고 있는데 그중 한 사람이 자기 노트에 낙서를 하고 있다면 그 사람은 회의에 관심이 없다는 간접적인 표현을 하고 있는 것이다. 손가락을 자주 놀리며 발끝을 까딱까딱 넘기는 사람이 있다면 지금 상황이 지루하고 따분하다는 것을 손짓으로 전달하고 있는 것이다. 또 손으로 머리를 매만졌다 볼펜을 쥐었다가 또 머리를 귀 뒤로 자꾸 넘기는 걸 반복하는 여성이 있다면 업무에 집중하고 있다고 볼 수 없다. 게다가 잦은 손놀림은 전문성이 떨어져 보인다.

상대방과 얘기하는데 주먹을 꽉 쥐고 있거나 손에 계속 힘을 주고 있다면 그 사람은 경계를 하고 있거나 지금 뭔가 불만이 있다는 표시이다. 또 주먹을 쥔 손은 공격적인 자세라서 이런 포즈를 잘하는 사람은 주먹을 잘 쥐지 않는 사람보다 싸움을 할 확률이 높다. 사람을 만날 때는(특히 영업사원의 경우) 손을 보이는 것이 안 보이는 것보다 훨씬 개방적인 사람으로 비춰지며 항상 손바닥이 보이도록 하는 것이 열린 자세이다.

우리 주위에서 팔짱을 긴 사람들을 자주 목격할 수 있는데, 대체로 팔짱을 끼는 사람들은 표정도 별로 밝지 않다. 강의실에 가면 확률상 1명에서 2명 정도가 팔짱을 끼고 있다. 쭉 둘러보다 강의실에 팔짱 긴 사람을 보고 있으면 '저 사람이 무슨 감정이 있나?' 하고 유심히 보게 된다. 소화 장애가 있는지 심장 쪽에 압박이 느껴지는 것 같은 찡그리거나 심각한 표정의 반응을 보이고 있다. 그런데 신기하게도 팔짱을 푼 동작 하나만 달라졌을 뿐인데도 팔짱 긴 사람의 표정이 훨씬 밝아진 걸 보게 된 후, 팔짱을 긴 사람을 볼 때마다 집중적으로 질문도 많이 하고 강의에 참여도 더 많이 시킨다.

또 악수는 어떠한가? 옛날 로마에서 낯선 사람들을 만났을 때 상대방이 무기를 소지했는지 확인하기 위해서 오른손을 내밀어 상대의 손목을 잡은 게 악수의 유래라고 한다. 악수는 상대방의 체온을 느끼는 긍정적인 행동이기에 그만큼 정치인들이 잘하는 제스처다. 서양에서 건너왔지만 이젠 우리나라에서도 정착된 제스처다.

힘없이 하는 악수와 뼈가 부러질 듯한 악수, 손끝만 살짝 잡는 악수 모두 해서는 안 될 악수법이다. 그렇다면 좋은 악수법은 어떤 것일까? 손에 따뜻한 체온을 유지하고 상대의 눈을 보며 팔을 약간 굽혀 약간 힘 있게 서로의 엄지 안쪽이 상대와 맞잡는다는 느낌으로 악수하는 것이 보기 좋은 악수법이다. 또 상대와 악수를 하면서 타인을 바라보는 행위는 상대방에게 모욕을 줄 수 있으므로 상대방의 눈을 보며 악수하도록 한다.

손으로 하는 긍정적인 행위를 하나 꼽으라면, 상사나 부모님 주로 윗사람이 아랫사람에게 하는 행위로 어깨를 가볍게 두드리는 것을 꼽을 수 있다. 상대가 잘했을 때나 상심했을 때 두루 할 수 있는 최고의 커뮤니케이션법이다. 다 큰 자식이 자랑스러운데 잘 표현하지 못하겠다는 부모도 할 수 있는 표현이다. 친한 친구 사이에서도 술 한잔 걸치면 서로 옛날로 돌아가 어깨동무를 하는 걸 곧바로 떠올릴 수 있을 것이다.

관계는 표현하면 표현할수록 더 소중해진다. 이제 팔과 손에 나의 진심을 담아 상대에게 사랑을 전달하고, 따뜻하고 자연스럽게 손을 이용한 바디-이미지케이션을 활용하자.

_ 다리와 발로 말하기

걸음걸이는 한 사람의 전반적인 상태를 말해주는 단서가 된다고 해도 과언이 아니다.

걷는 모습만 봐도 그 사람의 성품과 성격을 대강 짐작할 수 있다. 다리는 우리 몸에서 거의 반을 차지하는 부위며 발은 우리의 몸을 지탱해주고 제2의 심장이라고 불릴 만큼 중요한 신체 부위다.

등이 굽은 노인들의 걸음을 떠올려보자. 느릿느릿한 걸음걸이에 발을 내딛을 때마다 힘에 겨워하는 모습이 떠오를 것이다. 반대로 광고에서 젊은 아가씨가 쇼핑을 하면서 거리를 활보하는 모습(이때 주위 남성들은 모두 광고의 주인공을 주목한다)은 발걸음이 빠르고 경쾌하며 신나기까지 하다.

걸음걸이는 사람마다 정말 제각기다. 고개는 하늘을 향하고 팔도 양쪽으로 20cm쯤 벌리고 팔자로 걷는 여성을 거리에서 볼 수 있는데 아름다운 의상을 차려입고 그 걸음걸이로 걷는다는 걸 상상하니 아찔하기까지 하다. 또한 대학생들이나 청소년 중에는 슬리퍼나 신발을 질질 끌고 다니는 모습도 자주 보게 되는데 이 역시 좋지 않은 걸음걸이다. 면접에서도 면접관들이 지원자의 걸음걸이를 본다는 점에서도 걸음 속에 한 사람의 많은 정보가 들어 있다는 해석을 할 수 있다.

자기의 분야에서 보다 더 전문적인 모습으로 상대와 커뮤니케이션하려면 힘찬 걸음걸이로 정면을 보되 턱을 약간 당긴 상태에서 11자로 걷는 것이 필요하다. 고개를 지나치게 뒤로 젖히는 것은 거만해보일 수 있고 반대로 고개를 푹 수그리고 다니면 음울해 보이고(게다가 작아 보이고) 자신감까지 없어 보인다. 한국 사람들이 대부분 고개를 수그리고 잘 다니는데 이는 겉모습뿐만 아니라 자신의 건강에도 악영향을 미칠 수 있다.

경쾌하게 걷기만 해도 기분이 달라진다. 앞에서 표정을 얘기하면서 언급했던 것처럼 자기의 마음상태와 관계없이 약간 빠른 듯 11자로 경쾌하게 걷다 보면 자신뿐만 아니라 타인에게도 밝고 적극적인 사람이라는 인상을 주게 된다.

한 연구에 따르면 거짓말을 할 때 표정과 손짓은 통제를 할 수 있지만 발은 잘 통제를 하지 못해 유난히 발 움직임이 증가한다고 한다. 심리학자 폴 에크먼은 거짓말을 할 때 발과 다리의 움직임이 많아지게 된다는 것을 실험을 통해 알아냈다. 여성들이 다리를 꼬는 것도 자신감 없어 보일 수 있으니 주의해야 한다. 발목을 교차하고 있는 것도 좋아 보이지 않는다.

상대방과 열린 자세로 커뮤니케이션하려면 아무래도 다리를 교차하고 꼬는 것보다 편안하게 편 자세로 대화를 열어 가는 것이 낫다.

자신이 편한데 무슨 상관이냐고 아무렇지도 않게 다리를 꼬고 발을 덜덜 떨며 상대에게 발바닥을 보이고 앉는 사람은 상대의 눈살을 찌푸리게 만들 수 있다. 태국이나 이슬람국가는 상대가 다리를 꼬는 것을 무례하다고 생각하며 싫어한다. 기내에서도 발이 덥다고 신발을 아무렇게나 벗고 양말까지 벗어 발을 만지고 있는 사람들은 한국의 위상까지 깎아 내릴 수 있다는 걸 명심했으면 한다.

사교적인 모임에서 다리 꼬는 자세(우리가 영화에서 많이 봐 왔던)는 여인을 매력적으로 보이게 할 수 있지만, 업무 시에는 다리를 펴고 붙이는 것이 전문성 있어 보인다. 사교적인 모임이라도 다리를 꼰 채 발을 까닥까닥 움직이는 것은 진지해 보이는 다리 자세와는 거리가 멀다.

구두에 대해서도 잠깐 언급하고자 한다. 구두를 고를 때 키가 작고 날씬한 사람들은 섬세하고 날렵한 디자인의 구두를 고르는 것이 훨씬 잘 어울린다. 만약 이런 체형의 사람들이 투박하고 두툼한 디자인의 통굽을 고른다면 시선을 아래로 끌어당겨 키가 더 작아 보이고 왜소해 보일 수 있다. 다리가 날씬한 여자는 가는 힐을 신어도 잘 어울리지만, 다리가 두꺼운 여자가 가는 힐을 신으면 상대적으로 다리가 더 두꺼워 보일 수 있으니 구입할 때 이런 점을 고려하자.

CHECK POINT!

아이드-이미지케이션을 구체적으로 실천하는 기술인 '바디-이미지케이션'. 우리 자신의 몸은 단순히 신체 기관으로 끝나는 것이 아니다. 바디-이미지케이션을 통해 자신을 상대에게 표현하고 동시에 타인과의 소통을 이끌어낼 수 있다.

• 눈빛은 마음속의 태도와 신념이 그대로 반영되는 유일한 곳이다. 따뜻한 마음과 상대방을 이해하는 마음, 자신감 넘치는 태도는 당신의 눈빛에 '열정'과 '자신감'을 드러내줄 것이다.

• 말의 내용보다 청각적 요소가 다른 사람에게 더 어필된다. 상황과 장소에 맞게 말의 속도, 높이, 목소리 크기, 어조를 조절하자.

• 표정 자체가 '무엇'에 해당한다면, 상대방에게 긍정과 공감을 이끌어내고 호감을 주는 것은 '어떻게'의 문제이다. 거울을 볼 때마다 입 끝을 환하게 올려 웃는 연습을 하자.

- 귀 기울여 잘 들을 수 있을 때 상황에 맞는 응수와 대답이 가능해진다. 상대가 말하지 않는 그 무언가를 들을 수 있다면 상대는 존재감을 느끼게 된다.

- 어깨를 편 곧은 자세는 긍정적이고 적극적인 마인드를 만든다.

- 자신의 피부색과 기분을 살릴 수 있게 컬러를 이용해보자.

- 나의 개인영역뿐 아니라 상대의 공간도 존중하자.

- 관계는 표현하면 표현할수록 더 소중해진다. 이제 팔과 손에 나의 진심을 담아 상대에게 사랑을 전달하고, 따뜻하고 자연스럽게 손을 내밀자.

- 경쾌하게 걷기만 해도 기분이 달라진다. 마음상태와 관계없이 약간 빠른 듯 11자로 경쾌하게 걷다 보면 자신뿐만 아니라 타인에게도 밝고 적극적인 사람이라는 인상을 주게 된다.

143

친구와 인맥은 통한다, '이미지메이트'

imagimate

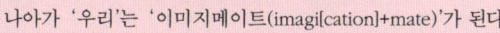

관계 속에서 필요한 이미지케이션 전략

개인을 위해 필요한 이미지케이션 전략, 즉 '아이드-커뮤니케이션'을 통해 개인은
'이미지씨'로 새롭게 태어난다.

그 다음에는 관계를 맺고 그 속에서 소통하는 이미지케이션 전략,
즉 '리-이미지케이션'을 통해 좋은 친구도 만들고 인맥도 형성하며 공동체 속에서의 성공과
행복을 추구할 수 있다. 이때의 '리-이미지케이션'은 '공동체 분위기에 잘 어울리며
상대와의 교감을 추구하는 이미지메이킹 및
이미지로 소통하기 전략'으로 요약할 수 있다. 그렇게 되면 나와 상대방,
나아가 '우리'는 '이미지메이트(imagi[cation]+mate)'가 된다.

리-이미지케이션 re-imagication 이란

앞에서도 언급했듯, 이미지는 자기관리 차원에서도 중요하지만 사회 속의 타인들과 서로 소통할 때 의미를 갖는다. '나' 자신의 정체성을 제대로 소통할 수 있게 됐다면 이젠 한발 더 나아가 '우리' 라는 인식을 중요시하고 어떻게 하면 타인과의 관계를 소중히 여기고 발전시킬 수 있을지에 대한 적극적인 이미지케이션 전략이 필요하다. 이것이 바로 'relationship'(관계)의 앞글자를 딴 're'-이미지케이션이다.

Chapter 3에서는 어떻게 하면 사랑하는 독자(직접 보지는 않았지만 나는 여러분을 이미 사랑하고 있다) 여러분이 속한 모든 곳에서 없어서는 안 될 중요한 존재이자 주위 사람들의 친구, 즉 '이미지메이트 imagimate' 가 될 수 있을지 논하고자 한다. 자신이 타인의, 타인이 자신의 좋은 이미지메이트로 상호 관계를 맺기 위해 필요한 이미지케이션

147

전략이 바로 리-이미지케이션이다. 여기서 다루는 리-이미지케이션 전략을 잘 배워 실천하면 서로가 서로의 이미지메이트가 될 수 있다.

_ 주위 사람들을 이미지메이트로 만들자

리-이미지케이션은 관계 속에서 필요한 이미지케이션 전략이다.

혼자 할 수 있는 일은 세상에 하나도 없다. 어떤 조직에 속하지 않은 1인 기업가라고 하더라도 더 많은 인맥을 알아야 하고 더 부지런한 관계를 맺어야 내실 있는 1인 기업을 지속시킬 수 있다. 어떤 일이든 대인관계는 늘 따라다닌다. 특히 업무를 중시하는 서양과는 달리 한국같이 인간관계를 중시하는 문화권에서는 그 사람의 인간성과 인맥 형성이야말로 성공의 중요한 요소이다.

관계를 발전시켜 그것이 좋은 인맥으로 이어지려면, "세 사람이 길을 가면 그중에 나의 스승이 있다三人行 必有我師焉"는 말처럼 좋은 이미지를 가진 사람들을 친구로 만드는 습관이 필요하다. 어떤 사람이든 좋은 점은 한 가지씩 다 갖고 있음을 명심하자.

'자신이 닮고 싶은 사람을 모델로 정하고 계속 머릿속에 떠올리며 그 사람같이 하려고 노력하다 보니 어느새 그 사람을 닮게 됐다'는 이야기를 많이 들어 봤을 것이다. 이미지메이트imagimate를 만들기 위해서는 한 사람만 모델로 삼을 것이 아니라 주위의 더 많은 사람들의 좋은 점을 벤치마킹하는 적극적인 자세가 필요하다.

이미지메이트가 뭐냐고? '자아(I)+magi[c](마법)+mate(친구, 동료)', 즉 '내 마법 같은 친구'로 풀어 설명할 수 있다. 사람과 사람이 만나 서로 친해지고 그것이 인맥으로 형성되며 서로 도움을 주고받는 것은 일종의 마법이기 때문이다.

사람마다 제각기 장점이 다르듯이 단점 또한 분명히 다르다. 그렇다면 자신에게 부족한 면을 개선하기 위해 각자 다른 방식으로 주위 사람들을 이미지메이트로 만드는 것(물론 자신도 주위 사람들의 이미지메이트가 되어야 한다)이 반드시 필요하다.

예를 들어 보자. 실력은 있지만 부드러움이 부족한 사람이라면, 부드럽고 대화를 편하게 풀어나가는 사람을 이미지메이트imagimate로 만들어 나가야 할 것이다. 인간관계는 좋으나 자신의 일에서 인정받지 못하는 사람은 일처리만큼은 똑 부러지게 잘하는 주위 사람을 이미지메이트로 만들어 자신의 단점을 극복해 나가려는 노력이 필요하다. 실력도 그저 그렇고 인간관계도 그저 그런 사람이라면 자신이 어떤 것(일과 인간관계)을 더 중요하게 생각하고 있는지에 초점을 맞춘 다음, 먼저 해결해야 할 부분에서 주변 사람들을 이미지메이트로 만들어 나간다면 지치지 않고 보다 좋은 관계를 만들어나갈 수 있다.

또 다른 예를 들어 보자. 일은 멋지게 잘해내지만 자신을 표현하는 센스가 부족한 사람이라면, 자신의 스타일을 멋지게 표현하는 주위 사람을 이미지메이트로 만들어보자. 그러다 보면 자신을 멋지게 꾸밀 줄 아는 사람이 될 수 있어 자신을 한층 더 업그레이드시킬 수 있다.

반면에 스타일만 멋지게 꾸밀 줄 알고 일에서 금세 흥미를 잃어버

CHAPTER 3_ 친구와 인맥을 통한다, '이미지메이트'

149

리거나 성실하지 못한 사람이라면 일만큼은 당차게 해나가는 사람을 이미지메이트로 만들어 나간다면 더 나은 이미지케이션을 할 수 있을 것이다.

멀리 떨어진 곳보다 가까운 곳에 내가 갖고 있지 않은 좋은 장점을 가진 사람이 많다. 주위에 도움을 받을 만한 사람이 정 없다면 책에서 동기부여를 받을 만한 인물들을 생각해보는 것도 좋은 방법이다. 자신이 성공하고자 하는 분야에서 이미 성공한 사람이나 꼭 그 분야가 아니더라도 도움이 될 수 있는 인물이라면 적극적으로 이미지메이트로 만들어 차근차근 계획을 세워 행동해 나갈 때, 보다 알찬 리-이미지케이션 전략을 실천해나갈 수 있다.

자! 이제부터 눈을 크게 뜨고 우리의 장점을 더 살리고 단점마저도 장점으로 업그레이드시켜줄 이미지메이트를 찾아보자. 그리고 여러분도 다른 사람들의 이미지메이트가 되어보자.

주위에 이미지메이트가 많다는 것은 그만큼 열린 태도를 가지고 있다는 증거이며 다른 사람의 장점이 보이기 시작하는 발전의 산물이기도 하다. 열린 태도를 가진 사람 주위엔 당연히 사람이 많아질 수밖에 없다. "세 사람이 가는 길엔 반드시 스승이 있다"라는 옛말을 늘 염두에 두자!

_ 상호 대인 매력에도 핵심요인이 있다

    강의를 처음 시작할 무렵 나는 '왜 내가 이 일을 하고 싶은 거지?' 라고 계속 자문했다. 지금 생각하면 피식 웃음이 나오지만 당시는 꽤 심각했다.

    그때 얻은 결론은 내가 만나는 모든 사람들이 보다 매력적인 사람들이 되었으면 하는 바람이 있다는 것이다. 매력은 얼굴만 예쁘다고 나오는 것도 아니고 또 일만 잘한다고 느껴지는 것도 아니기에 멋진 생각이라는 것을 알고 있으면서도 어떻게 접근할지 막막해 "매력이라……, 매력은……, 매력적인 사람이 되기 위해선……" 하면서 많은 시간들을 보냈던 기억이 있다. 그러던 중 이 용어가 심리학에서 나온다는 것도 알게 되었다. 나름대로 그렇게 고민했던 그 시절이 있었음은 큰 축복이라 생각한다.

'상호 대인 매력interpersonal attraction'은 사회심리학 분야에 해당된다. 사회심리학에서 상호 대인 매력의 요인은 4가지가 있다. 그런데 상호 대인 매력의 요인은 연구 결과로 많이 나와 있는데, '어떻게 하면 대인관계에서 매력 있는 사람이 될까'에 대해선 아직까지 연구된 결과가 없다. 인간관계가 중요하다는 것은 다 알고 있지만, 관계에서 어떻게 자연스럽고 부드럽게 대화를 이끌어 나가며 상대와의 공감을 이끌지는 참으로 어려운 문제다. 대화를 얼마나 자연스럽게 이끌어 나가고 공감을 이끌어내느냐에 따라 다음 만남도 자연스러워지고 기대되느냐 아니냐가 결정되는 법이라서, 이 부분에 대한 고민은 계속된다.

여기서 나는 우선 학문적 근거를 가지고 상호 대인 매력의 4가지 요인에 대해 간략하게 언급해본 다음, 관계 속의 이미지를 발전시켜 나갈 수 있는 리-이미지케이션 전략에 대해 알아보기로 하겠다.

1. 근접성proximity

아주 쉽게 바꿔 말하면 자꾸 볼수록 상호 대인 매력이 증가한다는 것이다. 가까이 살수록 친밀해질 가능성이 높아지고 친밀해질수록 호감이 증가한다는 것인데 우리의 '이웃사촌'이라는 말이 여기에 해당될 것이다. 그러나 가까이 산다고 꼭 다 친해지는 것은 아니다. 한 연구 결과로는 자기가 싫어하는 사람을 더 자주 볼수록 그에 대한 악감정은 더 커진다고 하니 말이다. 꼭 연구결과까지 가지 않아도 직장에서 같은 부서에 있는 상사나 동료가 맘에 안 든다면 그 싫어하는 감정은 더욱 커지는 걸 느껴 본 경험이 한 번쯤은 있을 것이다.

파리의 지식인 300명이 모여 에펠탑 철거 운동까지 펼쳤을 만큼 당시 철골구조의 에펠탑은 보기 흉한 존재였다. 그러나 시간이 흐를수록 파리 시민들의 사랑을 듬뿍 받아 오늘날 파리를 대표하는 건축물이 된 것은 "보면 볼수록 호감이 증가한다"라는 근접성의 원리로 설명가능하다. 전문용어로 이를 '단순노출효과mere exposure effect'라고 한다.

근접성의 원리를 이용해 대인관계에서 매력을 증가시키려면 자신의 '존재감'을 자주 알리는 통로를 만들어야 한다(Chapter 1에서 리-이미지케이션의 요소 중 하나로 언급한 '존재감'이 바로 이것이다). 즉 당신을 존중하고 있으며 당신과 좋은 교류를 맺고 싶다는 걸 상대에게 꾸준히 알릴 수 있어야 한다. 메일도 좋고 문자 메시지도 좋다. 그러나 요즘은 메일 천국이라 할 만큼 하루에 수십 통씩 메일이 쏟아져 자신의 진심을 메일로 나타내기는 힘들다. 차라리 전화를 거는 것이 상대가 인식하기에 훨씬 더 좋은 매개체가 될 수 있다.

'말 안 해도 남들이 내 맘을 알아주겠지'라는 생각. 이 생각 자체가 상당히 위험하다. 앞에서도 언급했지만 사람은 모두 자기중심적으로 생각하기에 그렇다. 그래서 내 마음을 표현하고 적극적으로 다가가지 않으면 상대는 모른다. 특히 영업사원일수록 발로 뛰고 자주 얼굴을 보여줘야 한다. 물론 그에 따른 거부반응쯤은 감수해야 한다. 농경사회 문화를 가진 우리나라는 경계심이 높고 처음 보는 사람을 거부하는 경향이 짙기 때문이다. 지금의 잘 나가는 억대 연봉을 받는 세일즈맨은 모두 구두가 닳을 만큼 고객들을 만나면서 친밀감을 형성하고 다녔다는 것을 기억해야 한다.

나는 누구나 매일 비즈니스를 한다고 믿는다. 사업장이나 사무실이 없어도 말이다. 지금 당장 직업이 없는 사람들도 매일 비즈니스를 하고 있는 셈이다. 만남 속에 보이지 않는 비즈니스가 매일 계속되고 있다. 결국은 그 사람의 실력과 인간 됨됨이의 '이미지'가 인맥을 통해 전파되면서 성공이라는 발판을 만들어나갈 수 있는 것이다.

실력만으로 이 세상에서 인정받기는 힘들다. 이제 스스로 인맥을 가꿔 나가고 때론 만나기 싫고 어려운 상대라도 자신의 일에서 꼭 거쳐야 할 관계라면 자꾸 부딪치며 좋은 관계를 만들어 가야 하는 것은 우리의 평생 숙제다.

만나고 싶은 사람만 만난다면 그 사람은 발전할 수 없다. 친한 친구만 주구장창 만나는 사람을 떠올려보자. "난 낯선 사람과는 만나지 않아요!"라고 당당하게 말하는 사람은 "난 더 이상 관계도 필요 없고 성장하기 싫어요"라고 선언하는 것과 다름없다.

여자들이 성공하기 힘든 이유도 이것과 관련 있다. 물론 성차별적인 사회 인식에도 문제가 있지만 비즈니스에서 지내기 어려운 사람과의 불협화음을 잘 견디지 못하는 것도 이유가 될 수 있다.

우리 모두 기억해야 할 것은, 새로운 사람을 만난다는 건 충분히 어렵지만 해볼 만한 일이라는 점이다. 만나서 어떤 얘기를 꺼내야 할지 난감하고 등에서 땀이 흘러도 만나야 할 중요한 사람이라면 용기를 내어 교류를 맺어 나가야 한다. 이렇게 자꾸 하다 보면 익숙해진 자신을 발견할 수 있을 것이다.

그래서 교류까지 용기를 내서 잘 해냈다면 그다음에는 그 교류를 더 잘 발전시켜 나가야 한다. '내 볼일만 보면 됐다' 식으로 일하는 사람은 당장 눈앞의 목표쯤이야 달성하기 쉽지만 나중에 자신이 속한 업계에서 쓴 소리를 들을 각오를 해야 한다.

2. 유사성similarity

상대와 비슷한 점이 많을수록 더 호감이 증가한다는 이론이다.

친구들 간에도 비슷한 점이 유난히 많은 친구가 있다. 연인 사이에서도 유사성이 많은 연인들이 있다. 심리학 연구 결과에 따르면 취미, 가치관, 태도가 비슷한 커플들이 다른 커플들보다 훨씬 관계를 오래 지속할 수 있다고 한다. "우린 너무 달라요. 그래서 서로에게 더 끌렸어요"라는 커플은 처음엔 어떨지 모르나 파경에 이르는 경우가 많은 걸 주위에서 심심찮게 볼 수 있다.

연인 사이가 아니고 대인관계를 맺을 때 서로 비슷한 직업이나 취미, 가치관까지 맞게 되면 학교 다닐 때 친구보다 더 가깝게 지낼 수 있다.

유사성의 원리를 생활 속에 적용시켜 보면, 대화 도중 상대방을 자연스럽게 따라하는 것이 서로의 공감을 형성하는 데 도움을 줄 수 있다. NLP(신경 언어 프로그래밍)에서는 래포(rapport: 친근하고 적극적이고 협동적인 관계)를 형성하려면 대화에서 빠르기, 제스처, 심지어 호흡까지도 상대와 맞출 때 자연스럽게 형성된다고 한다. 한번 머릿속에 떠올려보자! 한 사람은 손을 사용해서 허공을 찔러가며 팔 동작을 크게 하며 얘기하는데, 듣는 사람은 턱을 괴고 눈을 내리깐 채 가만히 있다면 두 사람 사이에 지금 공감이 형성되고 있다고는 보기 어려울 것이다.

말하는 사람이 신나게 얘기를 하고 있다면 당신도 신나게 들을 만반의 준비를 하고 덩달아 신나게 들어주는 것이 보다 친밀한 관계를 위한 리-이미지케이션 전략이다. 이렇게 신나게 얘기하는 사람은 대부분 기분파여서 비위를 맞춰주는 것이 의외로 쉽다. 반대로 상대가 조용조용한 사람인데 가뜩이나 심기가 불편한 표정을 지으며 기분이 안 좋을 때는 조용하게 대화를 열어가는 것이 상황과 상대에게 맞는 리-이미지케이션이다. 상대가 물을 마신다면 당신도 물을 한 모금 마시고 상대가 팔을 감싼다면 당신도 팔을 감싸며 상대와 비슷하게 행동해보는 것도 좋은 방법이다.

3. 신체적 매력physical attraction

신체적 매력은 어느 정도 타고 나는 것으로 일반인들은 지나친 성형이 아닌 바에야 이미 추구하기 힘든 부분일 수 있다. 특히 루키즘(외모 지상주의)이 판을 치고 있는 요즘, 연예인에게 열광하고 다이어트에 신경을 쓰는 것은 피할 수 없는 사회 현상이다.

신체적 매력을 지닌 사람은 어렸을 때부터 주위 사람들에게 "아휴! 예쁘다. 참 잘생겼다"라는 말을 들으며 자라게 된다. 이들은 확실히 유리한 점이 많다. 선생님들에게도 예쁨을 더 받게 되고 똑같은 능력이 있어도 더 주목을 받게 되는 유리한 점이 있다는 건 이미 수많은 심리학 연구 논문에서 입증되었다. 그러나 자신의 이러한 신체적 매력을 가지고 사기를 칠 경우 형량이 더 높아졌다는 결과도 있다.

일반인들이 오로지 신체적 매력을 위해 생의 모든 걸 건다는 건 위험한 발상이다.

자신의 타고난 외모를 인정하는 것도 건강한 이미지케이션 전략이 될 수 있다는 걸 잊지 말자. 타고난 외모에 부족한 점이 있더라도 잘 가꿔서 자신만의 신체적 매력을 발산하는 것도 상대에게 호감을 주는 리–이미지케이션이다.

4. 상호 호감 reciprocal liking

상대에게 먼저 좋다고 하면 상대도 자신을 좋아하게 된다는 이론이다. 즉 상대를 믿어준 만큼 그 사람도 신뢰감을 형성할 수 있다는 것이다. 그 옛날 그리스 로마신화에 나오는 피그말리온이 상아로 만든 여인의 조각상을 앞에 두고 살아있는 여인이 되길 소망했을 때 조각상이 사람이 됐던 것처럼 말이다. 그것을 '피그말리온 효과'라고 한다.

상대를 좋아한다고 먼저 자신을 오픈하는 것은 단순해 보이지만 어려운 일이다. "용기 있는 자만이 미인을 얻는다"는 격언은 저 예쁜 미인을 내가 먼저 찜했으니 아무도 건드리지 말라는 애기와 일맥상통할 수 있겠다. 자연스럽게 자신의 감정을 솔직하게 털어 놓는 것도 좋은 사람, 좋은 인맥을 얻기 위한 전략이 될 수 있다.

이상의 네 가지 요인을 토대로 관계를 발전시켜 자신도 좋고 타인도 좋은 윈윈win-win관계를 형성해 나가려고 노력한다면, 지혜로운 리-이미지케이션에 많은 도움이 될 것이다.

_ 인간의 네 가지 삶의 태도 life position

심리학자 토마스 해리스Thomas A. Harris는 인간의 삶의 태도life position를 크게 네 가지로 나누었다. 우선 '자기 자신에 대한 삶의 태도'를 긍정적인 태도'I'm OK'와 부정적인 태도'I'm not OK'로 나누고, '타인에 대한 삶의 태도'를 '타인에 대한 긍정적인 태도'You're OK''와 '타인에 대한 부정적인 태도'You're not OK''로 나눴다. 이 두 가지 태도(자신과 타인)가 교차되어 네 가지 영역이 나오게 된다.

1. "I'm OK, you're OK."
제1의 태도는 나를 향한 태도가 건전하고 동시에 타인에 대해 인정한다. 그러나 우리가 초지일관 이런 태도로 살 수 있다면 좋겠지만, 현실에서 우리는 남에게 상처를 입게 되거나 혹은 남을 아프게 하기도 하면서 어떨 땐 아무하고도 교류를 맺고 싶지 않을 때도 있다.

이미지케이션으로 몸값을 올려라

Chapter 1에서도 언급했던 것처럼, 리-이미지케이션에 꼭 필요한 전략의 요소 중 하나로 꼽은 것이 '시원함'이다. 자신의 의견과 주관을 바탕으로 하되 상대의 의견도 존중해주고 인정해줄 수 있는 사람이 바로 '시원한 사람'이다. 어딜 가나 시원하게 관계를 소통해주는 사람, 조직을 활기 있게 증진시킬 수 있는 사람, 문제가 생길 땐 시원하게 중재할줄 아는 사람, 조금 손해를 보더라도 시원하게 넘어갈 수 있는 사람, 경쾌하고 주위 사람들에게 기쁨을 줄 수 있는 사람, 보는 이들로 하여금 저절로 미소를 짓게 만들 수 있는 사람, 적절한 유머와 배려로 상대를 기분 좋게 만드는 사람, 밝은 인상으로 상대방의 얼굴에 미소까지 선사해주는 사람이야말로 '캬~' 소리가 나오게 만드는 정말 '시원한 사람'이다.

2. "I'm not OK, you're OK."

제2의 태도는 열등감을 많이 느끼는 사람들이 갖는 인생 태도로써, 초점을 타인에게 맞춰 자신을 부정하는 경향이 크다.

이 유형에 속한 사람들은 불안해 보이고 타인에게 불쾌한 감정을 유발시키기도 한다. 또 자신이 다른 이에게 실수를 하는 것을 미리 두려워하고 걱정이 많다. 미리 걱정을 잘하는 편이라 혼자 식은땀을 잘 흘리고 스트레스를 더 많이 받을 수 있다. 대인관계에서도 소극적이고 제스처 자체도 방어적이 될 수 있다.

이 태도를 가진 사람은 신체적으로 잘 경직되고 소화도 잘 안 된다. 평상시에 자기와 코드가 안 맞는다고 생각하는 사람을 만나게 되면 고개를 푹 수그리고 못 본 체하고 지나가다가, 어느 날 마주쳤을 때 상대방이 "저기 할 말이 있는데……"라고 말을 건네면 괜히 언짢은 표정을 지으며 "지금 바쁜 일이 있어서 가볼게" 하면서 바삐 지나간다.

3. "I'm OK, you're not OK."

제3의 태도는 제2의 태도와 반대이며 이 유형에 해당하는 사람들은 자신을 지나치게 내세우고 타인을 배려하지 않은 독선적인 태도를 지니고 있다.

"이 회사는 내가 없으면 도무지 돌아가지 않아", "변명하지 말고 오늘 퇴근할 때까지 제안서 올려"라고 큰소리를 치는 상사가 있다면 그는 제3의 유형에 속한다.

쉽게 버럭 화를 잘내고 남이나 세상을 원망하는 특징을 지닌다. 또한 상대의 좋은 점을 봐주기보다는 단점을 콕콕 아프게 지적하며 비판을 잘한다. 이런 상사를 만나면 부하직원들은 몇 배로 더 힘들어질 수 있다.

4. "I'm not OK, you're not OK."

제4의 태도는 타인도 안중에 없고 자신에 대한 자아상도 부정적이어서 인생을 포기하고 싶은 사람들에게서 보인다.

충격적인 총기 난사 사건으로 세상을 떠들썩하게 했던 조아무개 씨도 혼자만의 세계에 빠져 타인의 관심을 거부하다 끝내 여러 사람들을 죽이고 스스로 목숨을 끊었다. 이런 인생 태도를 가진 사람들은 사회적인 관계를 아예 끊고 싶어 하기도 하므로, 건강한 대인관계를 만들어 나갈 수 있게 주변의 관심과 사랑, 사회의 보살핌이 절대적으로 필요하다.

제4의 태도를 가진 사람들은 일단 제3의 태도로 이행하려는 노력이 필요하다. 일단 자신부터 회복한 다음 타인과의 관계를 고려하고 자신과 타인까지 서로 윈윈win-win 관계를 형성할 수 있는 제1의 태도 쪽으로 가려는 노력이 절실히 필요하다.

상대가 옳지 않은데 겉으로 표현 못하는 제2의 태도를 가진 사람은 속으로 화가 쌓인다. 속은 부글부글 끓으면서 겉으로는 웃으며 일을 해봤자 자신은 아프다. 내 속이 아프다면 그건 진정한 이미지케이션이 될 수 없다. 왜냐하면 이미지케이션은 서로 윈윈win-win하는 것을 모토로 하기 때문이다.

대인관계에서도 공격적인 사람이 제3의 태도를 취한다면 인간관계에 문제가 생길 수밖에 없다. 상대가 이의를 제기하지 않으면 표면적으로 볼 때 아무 문제가 없는 것 같지만 이것은 올바른 리-이미지케이션이 아니다. 왜냐하면 상대의 마음에 상처가 부속물로 응어리지기 때문이다.

가령 제3의 태도를 지닌 상사가 있다고 치자.

제1의 태도가 우세한 사람이 부하직원이라면 이런 상사의 성격을 이해하고 상사가 거부반응을 일으키는 원인을 파악해서 상사를 최대한 존중하고 맞춰주는 방식으로 직장생활을 해나갈 것이다. 시간이 지나면서 상사를 자신의 편으로 만들어 지혜로운 직장 생활을 할 수 있게 된다.

제2의 태도가 우세한 직원이라면 상사와의 불화의 골은 더욱 깊어질 것이다. 공격적인 상사는 부하의 소극적인 자세와 마지못해 하는 것 같은 일처리 방식에 더욱 공격적이 될 테니 말이다. 제3의 태도가 우세한 직원이라면 상사나 동료들에게 자신도 지지 않고 할 말을 다 해야 할 것이고 결국 상사와 언성을 높이며 언쟁을 할 가능성이 높아지게 될 것이다.

반대로 제2의 태도가 우세한 상사가 있다고 치자.

자칫 이런 태도로 직원들과 상대하면 자신의 의견을 명확히 표현하지 못하므로 직원들에게 존중을 받지 못할 수도 있고, 조직의 팀워크도 제대로 이끌어 나갈 수 없게 되며, 경우에 따라서는 직원들에게 자신이 상사임에도 불구하고 무시를 당할 수도 있다.

삶의 태도를 가정에 대입해도 다양한 관계 해석이 가능해진다.

자신의 마음엔 들지 않지만 가족의 평화를 위해 무조건 참는 어머니가 있다면 이는 '제2의 태도' 가 우세한 것이다. 권위적이고 자식에게 비난을 퍼붓기 일쑤인 '제3의 태도' 가 우세한 아버지가 있다면 자녀는 성장하면서 아버지를 자꾸 피하게 될 것이다.

또한 부모가 다 무조건 받아주는 '제2의 태도' 가 우선한다면 자식들이 응석받이로 자랄 가능성이 높다.

가장 안 좋은 경우인 '제4의 태도'가 우세한 부모 밑에서 자란 자녀들은 정서적으로 불안할 가능성이 높다. 우울증이나 대인기피가 심한 유형이 '제4의 태도'에 해당되기 때문에 자녀들도 자아 존중감의 결여를 경험할 확률이 높아지고 사회적인 관계를 맺기 어려운 악순환을 반복할 가능성이 높아진다.

이런 네 가지 유형의 인생 태도를 분석하고 각자의 인생 태도를 보완해 나가면 보다 원만한 리-이미지케이션을 추구할 수 있다.

서로 신뢰할 수 있는 관계를 만들어내는 'I' m OK, you're OK'의 인생태도를 가졌을 때 진정한 리-이미지케이션이 가능해진다. 나도 좋고 타인도 좋은 관계를 형성하기 위한 노력은 서로의 발전을 지속하게 해주고 생을 보다 풍요롭게 만든다.

_ 타인의 존재를 인정하는 행위 stroke

리-이미지케이션에서는 상대와 어떤 교류를 맺어야 하는지가 무엇보다 중요하다.

그런 면에서 심리학자 에릭 번의 교류분석 이론 중 '스트로크 stroke'는 중요한 부분을 차지한다. 스트로크는 간단하게 말하자면 "타인의 존재를 인정하는 모든 행위"라고 해석할 수 있다.

"반갑습니다. 오랜만입니다. 요즘 어떻게 지내셨어요?" "덕분에 잘

지냈어요"라고 인사를 서로 주고받는 것도 하나의 교류가 될 수 있고 스트로크를 주고받는 것이다.

"야, 박 대리! 넌 무슨 일을 이따위 식으로밖에 못 해!" 하고 책상에 서류를 집어 던지는 것도 역시 스트로크다. 상대를 위축하게 만들고 기분 나쁘게 만들어도 말이다.

젖먹이 엄마가 아이가 귀여워 꼭 안아주고 눈을 맞추고 젖병을 물리는 것도 스트로크이고, 욕을 해대고 야단을 치고 주먹이 오가는 것도 스트로크라 할 수 있다.

타인의 존재를 존중하고 인정해주는 긍정적 스트로크가 있는 반면에 타인을 깎아내리고 상처를 주는 부정적 스트로크도 있다.

사람은 모두 스트로크를 필요로 하고 있다. 우린 이런 일상의 스트로크를 받는 데 지쳐 어디 멀리 아무도 없는 곳에서 10일만이라도 있으면 좋겠다고 말하지만, 스트로크를 주고받는 것이 부족하면 고통까지 동반되는 스트로크 기아stroke hunger에 빠지게 된다. 즉 가장 무서운 것은 부정적 스트로크가 아니라 스트로크가 아예 일어나지 않는 것이다.

그래서 말썽꾸러기 남학생들이 더 말썽을 부리는 것도 긍정적 스트로크를 받지 못하면 부정적 스트로크라도 받고 싶기 때문이다.

그러므로 긍정적 스트로크가 많이 교류될수록 리-이미지케이션이 더 원만해진다. 그렇다면 리-이미지케이션에 꼭 필요한 긍정적 스트로크를 어떻게 맺어야 할까? 크게 신체적, 정신적인 면 두 가지로 나누어 설명해보겠다.

긍정적으로 신체적 스트로크를 하는 건 어떤 것일까? 상대가 기분 좋게 느끼는 신체를 이용한 스트로크를 모두 떠올린다면 이해가 빠를 것이다. 머리를 쓰다듬어주고 꼭 안아주는 것, 다정하게 손을 마주 잡는 것, 사랑하는 사람끼리 뽀뽀를 하는 것, 그냥 편안히 서로 기대고 있는 것, 그 모두가 긍정적인 스트로크이다.

상대에게 격려를 해주는 것, 따뜻한 위로를 건네는 것, 상대에게 감사를 표하는 것, 상대방의 얘기를 잘 들어주는 것은 상대의 기분을 좋게 만들 수 있는 정신적 스트로크다.

여기까지 읽으면서 여러분은 상대에게 주로 어떤 스트로크를 주고 있나 곰곰이 생각해볼 수 있다. 또한 상대가 주는 스트로크를 어떤 식으로 받고 있는지도 체크해봐야 한다. 스트로크를 교환하는 데 있어 여러분의 삶에(어렸을 적에) 부모님이 상당히 중요한 영향을 미친 존재임을 깨닫게 될 것이다.

어렸을 때부터 부모님께 긍정적인 스트로크를 많이 받은 사람일수록 긍정적인 자아상이 확립될 수 있고 또 타인에게 긍정적인 스트로크를 많이 줄 수 있게 된다. 또 타인의 스트로크를 제대로 받아들일 수 있다. 반면에 어렸을 때 폭력이 난무하는 집에서 자란 자녀가 후에 가정을 이루고 똑같이 자기도 폭력적인 부모가 됐다는 얘기는 비일비재하다. 또한 상대가 진심으로 다가가고 애정을 줘도 자꾸 피하고 제대로 받아들이지 못한다. 그래도 드물게는 자신의 불행을 대물림하지 않도록 주변에 관계된 사람들에게 긍정적인 스트로크를 주는 사람들도 있다.

칭찬과 격려를 듬뿍 받고 자란 아이들은 상대가 칭찬을 하면 스트로크를 긍정적으로 받아들이고 자신도 남을 진실하게 칭찬해줄 수 있다. 또 많은 스킨십을 받은 아이는 정서적으로 안정되어 있다. 그러기에 우리는 자녀들을 더 많이, 더 자주 안아 줄 필요가 있다. 어렸을 때 많은 스킨십을 해주다가 초등학생이 됐다고 스킨십을 갑자기 중단하면 자녀는 부모와의 단절감을 느낄 수도 있다. 이건 결코 시시한 문제가 아니다.

　감사를 잘 표현하는 긍정적인 사람은 감사할 것이 점점 더 많아진다. 어떤 이는 "빌어먹을 세상"을 한탄하지만 작은 것에도 감사할 줄 아는 사람은 더 감사할 일이 많아지게 되고 더 행복한 사람이 된다. 또한 타인의 얘기를 잘 들어줄 수 있는 사람은 어딜 가나 인기 만점이다. 경청도 일종의 긍정적 스트로크이기에 그렇다. 미국의 유명한 토크쇼 진행자 래리 킹이나 오프라 윈프리는 그 누구보다 잘 들어주는 사람들이기도 하다.

　삶에서 긍정적인 스트로크로 상대와 교류를 맺다 보면 어느새 당신은 주변에서 사랑받는 '이미지메이트'로 자리매김할 수 있을 것이다.

CHECK POINT!

자신이 속한 모든 곳에서 없어서는 안 될 중요한 존재이자 주위 사람들의 친구, 즉 '이미지메이트imagimate'가 되기 위해 필요한 이미지케이션 전략이 바로 리-이미지 케이션이다. 자신에게 부족한 면을 가진 사람들을 이미지메이트로 만들고 나도 다른 사람의 이미지메이트가 되자.

 상호 대인 매력의 4가지 요인

- 근접성 : 사람들이 자꾸 볼수록 상호 대인 매력이 증가한다는 것이다. 가까이 살면 살수록 친밀해질 가능성이 높아지고 친밀해질수록 호감이 증가한다. 근접성의 원리를 이용해 대인관계에서 매력을 증가시키려면 자신의 '존재감'을 자주 알리는 통로를 만들어야 한다. 즉 당신을 존중하고 있으며 당신과 좋은 교류를 맺고 싶다는 걸 상대에게 꾸준히 알려야 한다.
- 유사성 : 상대와 비슷한 점이 많을수록 더 호감이 증가한다는 이론이다. 유사성의 원리를 생활 속에 적용시켜 보면, 대화 도중 상대방을 자연스럽게 따라하는 것이 서로의 공감을 형성하는 데 도움을 준다.
- 신체적 매력 : 신체적 매력은 어느 정도 타고 나는 것이므로 자신의 타고난 외모를 인정하는 것도 건강한 이미지케이션 전략이다.
- 상호 호감 : 상대에게 먼저 좋다고 하면 상대도 자신을 좋아하게 된다는 이론이다. 자연스럽게 자신의 감정을 솔직하게 털어놓는 것도 좋은 사람, 좋은 인맥을 얻기 위한 전략이 된다.

인간의 삶의 태도

- 제1의 태도는 나도 좋고 상대도 좋은 "I'm OK, you're OK."
- 제2의 태도는 열등감을 많이 느끼는 사람들이 갖는 인생 태도로서, 초점을 타인에게 맞춰 자신을 부정하는 경향이 큰 "I'm not OK, you're OK."
- 제3의 태도는 자신을 지나치게 내세우고 타인을 배려하지 않는 독선적인 태도로, "I'm OK, you're not OK."
- 제4의 태도는 타인도 안중에 없고 자신에 대한 자아상도 부정적이어서 인생을 포기하고 싶은 사람들에게서 보이는 "I'm not OK, you're not OK."

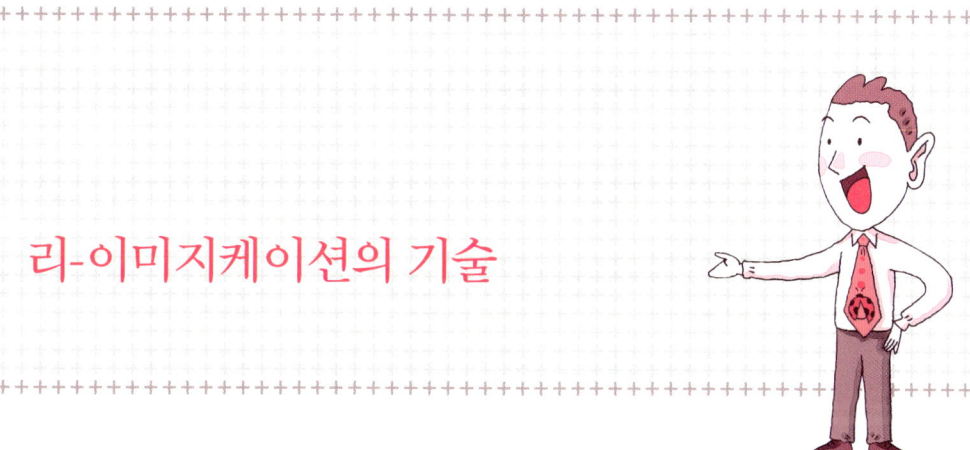

리-이미지케이션의 기술

앞에서 리-이미지케이션의 바탕에 대해 이야기했다면, 여기서는 구체적인 리-이미지케이션의 기술(실천 방법론)을 소개한다. 또한 모든 행복의 출발점인 가정에서의 리-이미지케이션도 다룬다. 실생활에서 활용해볼 수 있는 부분이니 읽어보고 실천에 옮겨보자.

_ 편안해 보이는 것도 능력이다

주변에 편안해 보이는 사람이 많은지 한번 생각해보자. 직위와는 상관없이 편안하게 느껴지는 사람 주변에는 늘 사람들이 북적거린다.

대학의 교수들을 많이 보지만 어떤 사람은 학문적 업적이 대단함에도 불구하고 친근하고 편안해 보이고, 어떤 사람은 성인 학생들의 심기를 불편하게 할 만큼 자신을 앞세우고 권위 의식을 아예 겉으로 내세운다. 종합병원이나 동네 가까운 병원에 가보면 여러 명의 의사를 만나게 되는데 그중에는 다정하면서도 부드럽고 편하게 환자를 어루만지는 의사도 있고, 반대로 병명과 처방전에만 연연해 환자의 아픔 따위는 아랑곳하지 않는 의사도 분명 있다.

중요한 것은 자신이 어떤 일을 하든지 어떤 위치에 있든지 편안한 사람으로 비춰지는 것이 좋다는 점이다. 이 역시 원만한 관계를 위한 리-이미지케이션의 중요한 부분이다.

편안하다는 건 그만큼 상대와 가까워질 수 있는 끈을 마련할 수 있다는 의미를 가진다. 불편한 사람과 마주 앉아 얘기를 나누는 장면을 떠올려보자. 빨리 헤어지고 싶고 시간은 더디 가는 것 같아 시계를 흘끔흘끔 보게 될 것이다. 또 불편한 사람과 식사를 하면 소화까지 안 되는 경험을 한 번씩은 해봤을 것이다.

오랜만에 만나고 싶은 언니를 만나게 되었다. 여행사를 알차게 운영하고 있는 당찬 언니인데 예전보다 훨씬 얼굴빛이 화사해 보이고 젊어 보여서 보기 좋았다. 세 살 연하 남편과 결혼한 지 두 달도 채 안 돼서 그런지는 몰라도 그 언니의 이미지에 나 또한 덩달아 기분이 좋아졌다.

2년 만에 만난 터라 나는 언니에게 반갑게 물었다.

"언니, 얼굴이 폈네요. 안색도 좋아지고. 저는 어떻게 보여요. 그전

보다?"

"넉넉해 보인다."

"살쪄 보여요?"

"아니, 편안해 보여."

사람을 만났을 때 들었던 그 어떤 칭찬보다 듣기 좋은 칭찬이었다.

편안해 보이기는 절대로 쉬운 일이 아니다. 사람이 쉬워 보이기는 쉽지만, 자기 속내를 다 드러내 놓고 진심어린 대화를 이끌어내는 사람을 만나기란 정말 어렵다.

내가 일하는 분야에 종사하는 대부분의 사람들은 세련되어 보인다. 세련됐다는 건 분명 좋다. 그런데 툭 터놓고 말하고 싶은 건, 이미지 분야에 일하면서 멋있긴 하지만 편안해 보이지 않는 사람들이 많다는 것이다. 깍쟁이라는 말이 연상될 만큼 지나치게 반듯해서 정이 없어 보이기도 한다. 강의를 잘 해내야 하고 자신의 프로다운 이미지를 부각시켜야 된다는 강박관념일 수도 있지만 어째 좀 경직된 분위기가 느껴진다. 일반인들이 이쪽 계통에 있는 사람들과 같이 있기 불편하다고 말하는 것도 이러한 분위기 때문인지 모른다. 편해 보이지도 않는 상태에서 자신의 안 좋은 점을 지적받을 수 있기 때문이다.

나는 《모리와 함께 한 화요일》의 주인공인 모리 슈워츠 교수님이야말로 편안해 보이는 최고의 인물로 꼽고 싶다. 루게릭병으로 고통받고 있으면서도 죽음의 현실을 받아들이고 여러 사람들과 함께 공감했던 모리 교수의 이야기를 읽으면서 편안함이 얼마나 많은 힘을 만들어내는지 알게 되었다. 모리 교수의 편안함의 매력이 제자 미치 앨봄을 다시 찾아오게 만든 것처럼, 포용력 있는 편안함은 우리가 잊었던 사람들의 관계까지도 다시 이어지게 만들 수 있는 선물이기도 하다.

빌 게이츠를 볼 때마다 느끼는 거지만 그는 참 편안해 보이고 부드러워 보인다. 그냥 이웃집 아저씨처럼 친절해 보인다. 세계에서 가장 부자인데도 근엄함과 권위는 잘 보이지 않는다. 그의 직원들도 편한 분위기에서 그들의 역량을 힘껏 기를 수 있을 것이다.

처음에 이 일을 시작하면서 나는 그걸 몰랐다. 사람을 다루는 직업이면서도 전문성만 강조했을 뿐 부드러워지려는 노력은 정작 하지 못했다. 강사이기 때문에, 강사여야 된다는 압박감 때문에 대인관계에서 전문성보다 더 중요한 부드러움은 생각지도 못했던 것이다.

불과 몇 년 전에 나를 만난 사람들이 그 당시는 인상과 눈빛이 강해 보였는데 지금은 그렇게 보이지 않는다는 말을 많이 한다. Chapter 2에서도 언급한 바 있지만 '눈빛'은 자신의 마음을 표현하는 것이기에 참으로 중요하다. 또한 새로운 사람들을 만날 때마다 나를 어디서 많이 본 것 같다고 말한다. 혹시 텔레비전에 나온 적이 없냐고도 묻는다. 어디서 많이 본 것 같다는 건 호감의 다른 표현임을 알기에 그렇게 말하는 사람들께 그저 감사할 뿐이다.

편안해 보인다는 건 21세기를 사는 우리에게 어려운 과제다. 능력 있어 보인다는 건 편안함보다 차라리 더 쉬운 것처럼 보인다. 자신의 일만 열심히 하면 능력 있는 것처럼 보일 수 있지만, 편안함이란 자신의 일에서 인정을 받는 건 기본이고 그 바탕에서 너그러움과 사랑이 타인에게 인식될 때 가능한 느낌이기에 그렇다.

편안해 보이는 것은 많은 면에서 유익하다. 직장상사가 부하 직원을 편하게 느끼면 이 얘기 저 얘기를 많이 하게 된다. 그러면 자연히 직장이 어떻게 돌아가는지 더 쉽게 알 수 있고 그에 따른 대응 전략도 세워질 수 있다. 선배도 편하게 느껴지는 후배에게 커피라도 한 잔 더 사주게 되어 있다. 어딘지 모르게 도도한 구석이 있는 사람은 윗사람들의 표적이 될 수 있어 여러모로 불리한 점이 많다. 우리나라 속담에 "모난 돌이 정 맞는다"라는 말도 있듯이 말이다. 가정에서도 부모님이 편해야 자녀가 자신의 본심을 털어놓고 자유롭게 소통할 수 있다. '가화만사성家和萬事成'의 화목도 이 편안함을 토대로 해야 한다. 부부지간도 같이 있을 때 편해야 그 관계가 원만하다.

편안해 보이려면, 나아가 정말 편안한 사람이 되려면 어떻게 해야 할까?

Chapter 1에서 리-이미지케이션에서 필요한 요소 중 하나로 '부드러움'을 언급한 바 있다. 상대를 편안하게 대할 수 있으려면 부드럽게 자신의 이미지를 커뮤니케이션하는 것이 중요하다. 부드러움 속에 자연스러움이 나오고 유연함이 나온다. '유연성flexibility'은 기업이 성장할 수 있는 요소 중의 하나가 되었다. 유연한 분위기는 협력이 가능한 일터를 만들어낼 수 있다. 상대방의 심기를 툭툭 건드리고 상대방의 약점을 쏘아붙이는 사람에게는 아무도 다가가지 않는다. 직장상사 중

173

에 이런 상사가 있으면 부하직원은 직장 생활의 스트레스를 감당할 많은 에너지가 필요할 것이다. 말의 톤도 너무 높지 않게, 말의 크기도 조절하는 것이 부드러운 대화를 이끌어낼 수 있다. 말이 너무 빨라도 용무가 급한 사람처럼 보여 같이 있기 불편해질 수 있다.

외모에서 부드러운 분위기를 풍기는 것도 좋은 방법인데 이렇게 하기 위해서는 헤어스타일이나 의상의 디자인도 신경 써야 한다. 남성의 경우 부드럽게 보이는 이미지를 연출하고 싶다면 일명 '스포츠머리'라고 불리는 각이 선 짧은 헤어스타일은 더욱 강한 인상을 풍길 수 있으니 피해야 한다. 여성의 경우 부드러운 인상은 메이크업으로 어느 정도 수정 보완이 가능하다.

메이크업에서 눈썹은 사람의 인상을 결정짓는 중요 요소이다. 최대한 자연스럽게 자신의 눈썹 라인을 살리며 다듬고 머리색과 같은 아이섀도로 화장을 하는 것이 훨씬 부드러운 인상을 줄 수 있다. 부드러운 얼굴 이미지를 가졌음에도 눈썹 라인을 직선으로 어색하게 그려 본의 아니게 어색한 인상을 주는 여성들이 있다. 특히 영업직이나 서비스직에 근무하는 사람들은 눈썹을 자신의 얼굴 이미지에 맞게 부드럽게 다듬는다면 훨씬 부드러우면서 세련된 느낌을 전달해준다.

여성의 경우 나이가 들수록 등까지 오는 긴 생머리는 보는 이를 자칫 부담스럽게 만들 수 있다. 좋아하는 헤어스타일은 사람마다 개성이 강하기에 한마디로 정의내리긴 어렵지만 직선의 딱 떨어지는 스타일은 곡선의 스타일보다 강한 느낌을 준다.

이 점은 의상의 라인도 마찬가지다. 칼라 부분이 날카로운 옷과 부드러운 곡선의 디자인과 레이스, 주름이 많이 들어간 옷은 사람의 분위기를 전혀 다르게 보이게 한다. 여성의 경우 아무래도 부드럽게 보이는 의상이라면 곡선의 칼라와 셔링이 잡힌 옷을 활용하거나 니트로 된 옷과 공단 느낌의 블라우스를 선택한다면 상대에게 훨씬 부드럽게 보일 수 있다. 계절에 따라 스카프를 잘 활용해도 센스가 있으면서 여성스러운 이미지로 상대에게 어필할 수 있다. 그러니 늘 외출하기 전, 옷장 문을 열기 전에 그날의 상황과 장소 및 만나려는 사람에 따라 의상을 선택하는 것이 중요하다.

편안해 보이려면 또한 얼굴에서 자연스런 미소가 흘러나와야 한다. 상대의 기쁜 상황엔 진심으로 기뻐할 수 있는 여유가 얼굴 표정을 부드럽게 만든다. 또한 감사하는 마음을 자주 상대에게 표현해주는 것도 편안해 보이는 좋은 방법이다.

편안한 상태가 되려면 몸도 편안하게 이완할 필요가 있다. 몸이 편한 상태가 아니면 어깨나 목 주변이 굳게 된다. 그러므로 잠깐의 스트레칭과 가벼운 운동이 몸을 편하게 만든다. 또 바쁘더라도 하늘을 자주 보는 습관을 가지자. 하늘을 보면서 팍팍한 삶의 여유를 찾을 수 있기 때문이다. 맑은 하늘 속엔 막힘이 없어 보이고 스카이 블루와 화이트가 우리에게 평온함과 밝은 느낌을 준다.

몸이 편한 상태에 있을 때 남의 말도 공감할 수 있는 환경을 만드는 것이니, 평소에 좋은 컨디션을 만들도록 노력하자. 좋은 컨디션이 좋은 인간관계까지 만들어줄 수 있다.

편한 상태를 위해서는 복식호흡을 자주 하는 것도 좋은 방법이다. 배를 집어넣으면서 아주 천천히 조금씩 숨을 내보내는 호흡을 하면 된다.

편한 사람들에게 사람들이 다가가고 관계가 자연스럽게 연결된다. 외모와 대화법을 상대가 편하게 느낄 수 있도록 신경 쓰자. '외유내강'이라고나 할까? 주변 사람들이 당신을 다시 찾게 만드는 것은 당신이 편하게 느껴질 때이다. 여유로운 마음가짐과 자연스러운 몸동작과 부드러운 대화법, 자신에게 맞는 이미지를 관리해나간다면 그것이야말로 훌륭한 리-이미지케이션이리라.

_ 너, 왜 반말하세요?

때로는 반말이 더 친근해 보이고 격의 없어 보이며 때에 따라서는 재미있어 보이기도 한다. 그러나 타인과의 지속적인 리-이미지케이션을 위해서는 반말을 특히 조심해야 한다.

몇 년 전 방문한 학원에서 나를 경악케 하는 강사를 만난 적이 있다. 그는 반말, 존댓말을 섞어 가면서 나에게 말을 했는데 '이 사람이 나랑 친한가? 언제 한 번 만났던 사람인가?' 하고 혼동하게 할 만큼 반말을 사용했다. 강사라면 적어도 수강생의 연령엔 관계없이 처음 강의할 때 존댓말을 사용하는 것은 당연한 관례다. 그런데 처음 본 지 얼마나 됐다고 반말이라니? 기분이 확 상해버렸다. 그런데 옆에서 자꾸 반말 섞인 말투로 이것도 못하냐며 구박까지 해대니 화가 치밀었다. 얼핏 보기에 나이도 거의 비슷해 보이는데 말이다.

모르긴 몰라도 그 강사는 오래 버티지 못할 것이다. 내가 아니더라도 다른 사람들의 마음을 상하게 할 것이기 때문이다.

나 역시 아주 친한 사람한테는 반말을 사용하는 것이 편했다. 그런데 이제는 아주 친한 사람이라도 가족이 아니고서는 그냥 존댓말을 쓰는 것이 훨씬 듣기에 좋아 보인다. 또 내 개인적인 취향으로 상대방을 얼마나 힘들게 했을까 반성도 해보게 된다.

서로 존댓말을 쓰는 부부가 있다. 반말을 쓰게 되면 언성이 높아질 때도 있고 싸우면 욕까지 하게 돼 아예 서로에게 상처를 주지 않을 존댓말을 사용한다는 것이다. 존댓말을 사용하면 상대방을 존중하게 된다. 그때는 '그런가 보다' 했는데 지금은 그 부부의 말이 가슴에 와 닿는다. 꼭 누구를 탓할 필요도 없다. 우선 내 자신을 반성하면 된다. 반말하기 좋아한 내 자신부터 말이다.

이젠 친한 동료에게마저도 반말을 사용하지 않게 된다. 조심해서 나쁠 건 없다. 예를 갖춰서 나쁠 것도 없다. 요즘 세상은 예의가 너무 없어 감정 상하는 일이 빈번해지니 말이다. 예는 타인을 존중하고 배려하는 것이고 그건 말과 몸가짐에서 나오는 것이니 존댓말을 쓰는 것은 관계를 맺는 데 중요한 리-이미지케이션의 방법이다.

또 하나를 짚어보자. 전화에서 상대의 말이 잘 들리지 않을 때 우리는 "네?" 하고 톤을 올려 그냥 반문하는 경향이 있다. 이럴 땐 상대에게 "다시 한 번 말씀해주시겠습니까?"라고 말하는 것이 훨씬 더 정중하다. 또 "잠깐만요."보단 "잠시만 기다려 주시겠습니까?"가 훨씬 매

• 칭찬은 서로 기분좋게 통하는 리-이미지케이션 전략이다.

너 있게 들린다.

불쾌한 경험을 한 후 영화 〈친절한 금자씨〉의 "너나 잘하세요"라는 말이 자주 생각나는데, 그것을 내 버전으로 바꾸면 "너, 왜 반말하세요?"가 되려나.

_ 칭찬은 부메랑이다

강의를 할 때 나는 칭찬이 얼마나 사기를 높일 수 있는지 간단한 실습을 한다. 대부분 가장 졸린 시간에 이 실습을 시작하는데, 수강생들은 계속 바뀌어도 그들의 표정이 환해지고 밝아지는 모습을 볼 때마다 놀라움을 느낀다. 칭찬을 해주면 어떤 사람은 마구 웃기도 하고 또 어떤 사람은 고맙다고 인사를 꾸벅 한다. 또 칭찬해준 사람의 손을 꼭 잡으면서 "오늘 저녁은 내가 산다"라고 말하는 사람도 있다.

관계에 좋은 자양분을 주고 서로를 더 챙겨주게 되는 리-이미지케이션의 방법 중 하나가 '칭찬'이다. Chapter 2에서 리-이미지케이션의 바탕이 되는 요소 중의 하나를 '나눔'이라고 한 바 있다. 나눈다는 걸 생각하면 당장의 물질적인 손해를 생각할 것이다. 그러나 칭찬은 경제적인 것도 필요하지 않다. 그저 상대의 좋은 면을 상대에게 진심으로 전해주기만 하면 된다. 칭찬이야말로 상대방에 대한 긍정적인 자신의 생각을 상대와 나누는 좋은 커뮤니케이션이다.

어렸을 때부터 "너는 그것도 못하니?", "그게 뭐니?" 하면서 주위 사람들에게 면박을 많이 받은 사람일수록 자아 존중감self esteem은 당연히 떨어지게 된다. 잘할 수 있는 것도 괜히 주눅이 들고 자신의 역량을 제대로 발휘하지 못한다. 칭찬을 받지 못하면 자신이 잘하고 있는가를 의심할 수도 있다.

그래서 칭찬을 많이 받지 못하고 자란 사람일수록 남들이 칭찬을 해주면 지나친 겸손으로 어색해하고 괜히 부정하려고 든다. 이제는 그러지 말자! 상대가 칭찬을 해준다면 "그렇게 봐주셔서 감사합니다"라고 적극적으로 기뻐해보자.

칭찬을 제대로 받아들이지 못하는 것은 겸손을 앞세우는 동양 문화의 영향 때문인지도 모른다. 칭찬을 받으면 도파민이라는 기분을 좋게 만드는 호르몬이 방출된다는 것을 모르면 어떤가. 칭찬 실습만 해도 얼굴의 안색까지 바뀌는데 우리나라 사람들은 칭찬을 잘하지 못한다.

칭찬은 받는 사람만 좋은 것이 아니고 칭찬하는 사람에게도 유익하다. 왜냐하면 칭찬을 하기 위해선 일단 나의 마음을 열어놓고 상대를 관찰할 수 있어야 하며, 상대의 좋은 점을 맘속에 담아두는 긍정적인 사고positive thinking가 필요하기 때문이다. 그래서 칭찬을 자꾸 하다보면 칭찬을 하는 사람도 변화할 수 있다. 즉 칭찬을 잘하는 사람은 초점이 나쁜만이 아닌 상대에게도 가 있다. 또 상대의 좋은 점을 많이 보게 되니까 서로의 신뢰까지 구축할 수 있어 자연스럽게 폭넓은 인맥을 형성할 수 있게 된다.

그러나 칭찬을 할 때도 다음과 같은 점을 염두에 두어야 한다.

1. 칭찬하는 시기를 놓치지 않는 것이 중요하다.

제때 칭찬을 하지 않으면 나중에 칭찬을 하기도 괜히 어색해져서 상대방을 축하해주고 싶어도 제대로 못하게 된다. 시간이 어느 정도 흐른 뒤에 "그때 너 그 일 참 잘했어. 난 너처럼 하는 것 엄두도 못 냈을 거야"라고 말하면 이미 늦다. 상대는 그동안 서운함을 느끼고 있었을 것이다. 칭찬을 받을 만한 행동을 발견하는 즉시 칭찬하자. 칭찬을 미루다 보면 표현력도 감소하게 된다.

2. 막연히 "잘했어"라는 칭찬보다 구체적으로 칭찬하자.

"김 대리! 이번 프로젝트 한눈에 알아보기 쉽게 정리해줘서 편하게 진행하게 됐어요. 잘했어요. 김 대리 업무처리능력을 보니 앞으로 더 발전할 친구라는 믿음이 가는데요"라고 구체적인 칭찬이 이어지면 칭찬받는 김 대리의 뿌듯함은 배가될 것이고 김 대리는 조직의 팀워크를 위해 전보다 더 열심히 일할 것이다.

혹은 자녀의 시험 성적에 대한 칭찬도 단지 등수에 연연하기보다 과목에 대한 세심한 관찰이 자녀의 사기를 더 북돋워줄 수 있다.

"지난번 과학 성적이 80점이었는데 이번에 90점으로 올랐구나. 과학을 어려워해서 열심히 한 보람이 있네. 와! 잘했어"라고 자녀를 대견스러워 하는 것이 단지 등수에 연연하는 칭찬법보다 훨씬 값지다.

강의가 끝날 때마다 수강생들은 "강사님! 오늘 강의 좋았습니다"라고 하거나 "교수님! 강의 잘 들었습니다. 감사합니다"라고 인사하는 경우가 대부분이다. 한번은 모 대학의 평생교육원에 강의를 갔는데

이미지케이션으로 몸값을 올려라

유난히 눈을 반짝거리며 경청하는 학습자가 있었다. 그가 한 말이 지금도 잊히지 않는다.

"교수님! 실은 제가 오늘 강의가 듣기 싫어 차를 돌려 집에 가고 있었는데 오늘 강의가 좋다는 말을 전해 듣고 다시 차를 유턴해 교수님 강의를 들었습니다. 정말이지 다시 여기에 와서 강의를 들은 게 너무 기쁘고 행복합니다"라고 들뜬 목소리로 말했다. 이 기분 좋은 칭찬에 순간 나는 갑자기 말문이 막혔다. 수강생이 구체적으로 칭찬을 해주니 똑같은 칭찬인데도 더 감사하게 느껴졌다.

3. 칭찬을 할 때는 적극적으로 표현하자!

잘했다고 말하면서도 입을 뾰족하게 내민 채 작은 목소리로 못마땅한 듯이 칭찬을 했다면 차라리 입 다물고 있는 편이 훨씬 낫다.

환히 웃는 얼굴에 팔도 올려가며 상대의 어깨까지 쳐주고(아주 친한 사이라면 꼭 껴안아주면 더 좋고) 감탄사까지 넣어 정말 자랑스럽다는 눈빛으로 축하해준다면 상대는 그렇게 칭찬한 친구를 평생 남을 진짜 친구, 진짜 동료로 가슴속에 새길 것이다.

사람들이 보통 좋아도 내색을 못하는 이유가 다른 사람들의 시큰둥한 반응 때문이라는 얘기를 많이 한다. 그건 그만큼 타인이 잘된 것을 진심으로 축하해주지 못하는 속 좁은 이기심이 팽배해 있다는 것이다.

4. 상대의 외모보다는 능력과 센스, 비전을 내다보는 칭찬이 훨씬 더 깊이가 있는 칭찬법이다.

"코가 어쩜 그렇게 높나요" 혹은 "다리가 끝내주는데요"라거나 "이 대리님! 귀걸이가 예뻐요"라는 식으로 신체 부위나 물건을 칭찬하는 것도 나쁘지는 않다. 하지만 그보다 "이 대리님! 매일 봐서 느끼는 거지만 이 대리님은 액세서리를 고르시는 안목이 있으세요. 오늘 고른 귀걸이도 참 잘 어울리세요. 저도 그런 센스를 닮고 싶어요"라든지 "자네를 볼 때마다 느끼는 거지만 매번 그렇게 열심히 노력하는 걸 보니 자넨 미래를 개척해 나갈 자질이 충분해 보이네"라고 상대의 감각 과 능력 혹은 비전을 칭찬해주자. 그러면 상대는 더할 나위 없이 상쾌 한 하루를 보낼 수 있을 것이며, 더 열심히 일할 수 있을 뿐만 아니라 칭찬해준 상대를 평생 잊지 못할 것이다.

'굳이 내가 말하지 않아도 당연히 알고 있겠지'라며 두루뭉술하게 넘어가는 그 생각 자체가 우리의 인간관계를 소원하게 만든다. 직장 에는 은근히 칭찬을 기다리는 동료들이 많다. 가정에서도 칭찬을 받 을 때 더 돈독한 관계가 형성될 수 있다는 걸 늘 염두에 두자. 칭찬을 해야 할 대상은 자신을 제외한 모든 구성원이라고 보면 가장 이해가 쉬울 것이다. 서로 칭찬해줄 때 조직과 가정이 보다 돈독해질 수 있 다. 상대가 알고 있어도 다시 한 번 짚고 축하해준다는 생각으로 칭찬 을 말로, 행동으로 옮기자.

리-이미지케이션은 생각만으론 이루어지지 않는다. 직접 실천할 때 그 의미가 생긴다. 칭찬을 받으려고 하는 것보다 먼저 칭찬을 하는 것 이 좋은 관계를 풀어 나가는 밑거름이 된다. 칭찬이야말로 서로 기분 좋게 통(通)하게 만드는 리-이미지케이션 전략이다.

_ 글로도 통하라

눈만 뜨면 컴퓨터를 켜는 시대에 인터넷 상에서 그 사람의 인격을 볼 수 있는 것은 글밖에 없다. 자신의 사진을 올리지 않는 이상, 글로 그 사람의 생각과 인격까지 미루어 짐작할 수 있게 된다.

이젠 볼펜을 꾹꾹 눌러 편지를 쓰던 시대는 지났다. 대신 이메일로 자신의 의견과 간단한 인사, 주요문서까지 첨부하여 보낸다. 이메일을 보면 그 사람의 성격을 알 수 있다. 글을 읽다 보면 글을 쓴 사람이 이과형인지 문과형인지도 느껴진다. 즉 글로도 그 사람을 얼마든지 파악할 수 있다. 살면서 글이 참 중요하다는 생각을 하게 된다. 그래서 글을 잘 쓰는 사람을 보면 존경스럽다.

만약 지식인이라면 자신의 의견을 논리성 있게 펼칠 줄 알아야 한다. 소위 연봉이 억이 넘는 한 남자 강사가 "난 말로 하면 부담이 없는데 글로 쓰려면 못 쓰겠다"고 한 말이 기억난다. 그래서 그는 글을 부탁받으면 말로 녹음을 하고 녹음을 한 것을 듣고 글로 쓴다고 했다. 이 사람 말고도 많은 사람들은 글 쓰는 걸 어렵게 생각한다.

나는 국문학과를 졸업했다. 사람들은 내가 국문학과를 나와서 글을 재미있고 쉽게 잘 쓸 거라고 생각한다. 하지만 국문학과를 나와서 글을 잘 쓴다고 믿진 않는다. 글쓰기는 아주 옛날 초등학교 다닐 때부터 좋아했던 것 같다. 초등학교 시절 꼬박꼬박 써내는 일기에 생활에서 느낀 감정을 적으며 나를 다독거리는 데서 즐거움을 찾곤 했다.

나는 한 인터넷 사이트에 칼럼을 일주일에 한 번씩 기고하는 칼럼니스트로 활동하고 있다. 처음엔 글이 안 써져서 스트레스를 많이 받았는데, 이젠 '이런 글을 써야지'라고 생각하고 개요를 몇 줄 써놓고 컴퓨터 앞에 앉으면 곧잘 써진다. 어떨 땐 내가 생각했던 것보다 더 잘 써질 때가 있어 약간 우쭐해질 때도 있다. 한번은 칼럼을 썼는데 그 칼럼이 인쇄물로 나왔을 때 글이 참 깔끔해서 흐뭇했다.

소위 베스트셀러라고 하는 책들을 보면 내용도 훌륭하고 잘 읽혀진다. 그들이라고 처음부터 잘 썼을까? 아니다. 그들도 무수하게 써보고 다듬고 맥락에서 맞지 않는 것은 과감히 생략을 하고 간결하고 깔끔하게 쓰기 위해 많은 노력을 했을 것이다. 피터 드러커Peter Drucker는 "말이나 글을 통해 다른 사람들과 커뮤니케이션하는 능력은 기초에서부터 한 단계씩 성실히 올라갈 때 만들어진다"고 했다.

자신의 직위와는 관계없이 맞춤법이나 문장의 호응이 전혀 안 맞게 글을 쓰는 사람들이 있고, 성의 없게 글을 쓰는 사람들도 있다. 남이 써놓은 기사나 칼럼에 달아주는 댓글만 봐도 대략 어떤 사람인지 감이 온다. 한 기자가 "메일로 기사를 의뢰할 때도 있는데 어느 사람의 메일을 받으면 정겹고 맘이 따뜻해지고 어느 사람의 메일을 받으면 기분이 나빠진다"고 했는데 이 말 역시 같은 맥락이다. 이런 사람들은 글이 좋은 관계를 형성할 수 있는 리-이미지케이션 전략이 된다는 걸 간과하고 있는 것이다.

글은 참 중요하다. 말은 공중 분해되지만 글은 남는다. 또 두고두고 다른 이에게 영향력을 미칠 수 있고 다른 이의 마음을 진하게 감동시킬 수 있다. 우리나라에서 내로라하는 작가들이 존중받는 것도 이러한 이유에서일 것이다.

그럼 글을 잘 쓰기 위해선 어떻게 해야 할까?

1. 간결하게 쓰는 연습을 많이 해본다.

멋있게 글을 쓴답시고 문장이 길어져서 4줄, 5줄이 끝날 때까지 마침표가 안 나오면 읽는 사람은 지치게 마련이다. 읽는 사람을 제발 열받게 하지 말자. 간결하게 쓰는 습관은 참으로 중요하다.

종이 한 장에 자신이 하고 싶은 얘기를 간추리는 연습을 해보자! 아무리 긴 리포트나 제안서도 한 장 안에 요점을 담아낼 수 있는 개요를 따로 만든다면 훨씬 구성력 있고 탄탄한 글을 쓸 수 있다.

2. 글은 자신의 의도를 잘 드러내야 한다.

내가 말하려는 의도가 무엇인지 상대가 명확히 알 수 있도록 쓰는 습관이 중요하다. 업무상 글로도 통하려면 간결하고 자신의 의도를 분명하게 쓰는 힘을 길러야 한다. 친한 친구들한테 자신의 생각과 감정을 표현하는 기회를 많이 가져 볼수록 글 쓰는 능력은 향상된다.

또한 회사 내에서 직원들이 쓴 글을 모아 하나의 인쇄물로 출판해 나눠준다면 직원들에게 글을 쓰는 것이 중요한 일이라는 인식을 심어 줄 수 있고 오래도록 간직할 수 있는 선물이 된다.

3. 자꾸 쓰는 연습을 해야 한다.

자꾸 써보고, 자신이 쓴 글을 읽고, 간결하면서도 쉽고 분명하게 의도를 전달할 수 있도록 글을 고치고, 문맥에 맞지 않는 글은 과감히 삭제할 수 있어야 글이 더 빛을 발할 수 있다.

글을 잘 쓸 수 있는 방법은 일기가 단연 으뜸이다. 일기를 쓰는 사람은 감정을 잘 조절하며 행복을 더 많이 느낄 수 있다. 넋을 놓고 텔레비전을 보며 시간을 보내는 것보다 지금부터라도 디자인이 멋진 일기장을 꺼내 내 소중한 감정을 솔직히 써내려가자. 앞으로 나아가야 할 방향을 재점검하고 스스로에게 용기를 북돋워주는 일기 쓰기를 여러분에게 서슴없이 제안해본다.

글은 자신의 정체성 확립에도 도움을 주는 아이드-이미지케이션의 방법이 될 수 있다. 왜냐고? 글을 자꾸 쓰다 보면 자신의 생각과 느낌을 정돈할 수 있는 여유가 생기고 지금 자신의 상태를 잘 파악할 수 있기에 그렇다. 또한 글을 상대에게 보내는 순간 글은 나만 볼 수 있는 것이 아닌 상대와의 교류를 형성할 수 있는 가능성이 열리기에 리-이미지케이션의 방법도 될 수 있다. 글을 쓰다 보면 아이드-이미지케이션과 리-이미지케이션을 고루 잘하는 능력을 기를 수 있으니 여러분께 적극 추천한다.

간결하면서도 진솔하고 의도가 잘 드러난 명료한 글은 여러분의 인생을 더 풍요롭게 만들 수 있을 뿐만 아니라, 상대에게 흐뭇한 미소와 따스함을 전달하는 방법이 된다.

_ 가정에서 필요한 리-이미지케이션

우리나라는 역사적으로 농경 사회였기 때문에 가족 중심의 문화가 발달했다. 성경에서도 가족을 중시한다. 성경 말씀을 예로 들어보자. 하나님이 아담을 하나님의 형상대로 지으셨고 그에게 돕는 배필이 없으므로 아담의 갈비뼈를 떼어내어 여자 하와를 지으셨다(창 2:22). 성경 맨 앞 〈창세기〉에서도 관계는 남녀가 한 가정을 이루는 데서부터 시작한다.

현대사회가 제아무리 핵가족화됐다고는 하지만 자신의 이미지self image를 구성하는 요소 중 여전히 중요한 부분을 차지하고 있는 것이 가족이다. 가족들과의 관계가 편안할 때 사회에 나가서도 힘을 낼 수 있고, 아무도 모르는 마음속 걱정을 덜 수 있게 되며, 대인관계를 보다 원만히 맺는 데도 도움이 된다. 즉 자신이 가정이라는 듬직한 울타리 안에서 소통되고 있을 때 행복을 느낄 수 있다.

사람들은 자기에 대해 이야기를 할 때 어렸을 적 얘기를 꺼낸다. 부모님에 대한 얘기나 형제 · 자매 · 남매들과 있었던 에피소드로 울고 웃으며 타인과 교류를 맺는다. 이야기를 잘 들으면 그 가정의 관계가 화목했는지 아니면 불우했는지, 부모님은 어떤 분이셨는지, 형제관계가 친밀한지 아닌지에 따라 그 사람의 인격도 미루어 짐작할 수 있다.

안타깝게도 요즘 가정이 많이 해체되고 있다. 서로 소통이 이루어지지 않아 나 자신만 보이며 상대방이 못마땅하다. 서로 통하지 않는 부부라면 그보다 더한 원수는 없다. 벼슬을 서로 뻣뻣하게 세운 쌈닭처럼, 송곳니를 바짝 드러낸 맹수들처럼 날카롭게 싸워댄다. 부모와 자녀 간에도 진정 통하지 않기에 서로를 가시 돋친 말로 마구 찌르고 자녀들은 자꾸 다른 방향으로 빗나가고 만다. 이혼율의 증가는 가정 자체의 문제에서 끝나는 것이 아닌 심각한 사회문제로 이어지게 된다.

그렇다면 이 통하기 어려운 세상에 서로 벽을 높게 쌓고 세상과 단절하며 나만을 부각시키며 살아야 할 것인가? 그럴 순 없다. 그러기엔 시간이 몹시 한정적이다. 세월이 아깝고 억울하다.

Chapter 1에서 언급했던 바와 같이 이미지케이션의 요소 중 '우정'이란 부분이 있다. 가정에서 누구라 할 것 없이 서로 친한 친구처럼 서로를 소중히 여기다 보면 행복한 가정을 만들어 나가는 거름이 될 수 있다. 진정 통하는 친구 3명만 있어도 그 사람은 인생에서 성공한 것이다. 아니, 한 명만 있어도 그 사람은 답답한 가슴을 때론 식힐 수도 있고 보이지 않는 용기로 세상을 살아갈 힘을 얻는다.

부부도 연인에서 출발하지만 결혼 생활이 오래될수록 친구 같은 부부가 더 편해진다. 연인은 한 번 어긋나면 걷잡을 수 없지만 친구는 싸웠다가도 감정을 털어내고 웃어줄 수 있기 때문이다. 또한 친한 친구는 아플 때 진심으로 그를 위해 울 수 있고 맘껏 기뻐해줄 수 있다. 자녀가 자라서 든든한 친구처럼 느껴지는 사이가 됐을 때 부모는 자녀와 원만한 소통을 유지할 수 있다.

가정에서 쉽게 용서하지 못한다면 그 가정은 이미 불화할 가능성이 높다. 이건 윈윈win-win 효과를 거두는 리-이미지케이션이 아니다. 힘든 때일수록 서로를 아낄 때 세상을 이길 힘을 다시 낼 수 있는 것이다. 가정은 가장 작은 울타리지만 가장 큰 상처를 입을 수 있는 곳이기도 하다. 우리나라의 이혼율은 이미 세계 최고 수준이다. 그렇게 생각해볼 때 가정 해체는 중요한 사회문제이다.

그렇다면 부부 사이에서 보다 원활하게 소통할 수 있는 리-이미지 케이션 방법은 어떤 것들이 있을까?

1. 서로를 잘 바라봐주자.

아이드-커뮤니케이션을 다룬 부분에서도 언급했지만 '바라본다'는 것은 무척 중요하다. 싸움을 하고 관계가 소원해지면 일단 상대를 보지 않으려고 한다. 바라보지 않는 상태에선 소통이 일어나지 않는다. 그러나 자꾸 바라보게 되면 상대의 기분을 자연스럽게 느낄 수 있게 된다.

이때 가능하면 감각의 더듬이를 최대한 사용하여 바라보자. 상대의 미세한 표정 근육의 움직임, 제스처, 자세 등을 말이다. 대부분 여성들이 남성들보다 이 감각이 훨씬 더 발달했는데 이것도 관심을 갖고 상대를 바라보니 가능한 것이다. 자주 관심을 가지고 봐주다 보면 상대의 외적인 변화도 금방 알 수 있다. 아내의 변화된 헤어스타일을 알아봐주는 것도 사소하지만 중요하다. 아내들은 그런 작은 것도 자신을 향한 관심으로 받아들이고 기뻐한다. 아주 소소한 변화를 알아봐주는 것도 상대를 기분 좋게 만들어줄 수 있다. 상대를 무심하게 보는 사람들은 그런 변화를 잘 느끼지 못한다. 그러다 보면 둘 사이에는 점점 보이지 않는 균열이 생기기 시작한다.

2. 상대의 얘기를 잘 들어주자.

상대가 얘길하는데 텔레비전 리모컨을 돌리며 딴전을 피면서 성의 없이 응수만 하는 태도가 서로의 관계를 소원하게 만든다. 상대의 말을 들으면서 지나치게 자신의 판단을 내세우지도 말자.

상대의 말이 끝나기도 전에 "또 그 소리야! 지겹다"라든가 "내가 뭐랬어. 그때 하지 말라고 그랬잖아?"라고 톡톡 쏘아붙이는 부부 사이에선 소통을 기대할 수가 없다. 일단 상대가 잘못했는지 잘했는지의 판단을 접어놓고 상대의 말을 끝까지 들어주자. 그냥 듣는 것이 아니라 목소리의 톤과 음색까지도 느끼면서 지금 저 말을 하고 있는 상대의 기분이 어떨까에 초점을 맞추면서 들어주자. '저 사람이 왜 저런 말을 하는 걸까'를 느껴 가면서 말이다.

3. 한 번 꾹 참는 인내가 필요하다.

Chapter 1에서 리-이미지케이션에 필요한 요소 중 하나가 '인내'라고 소개한 바 있다. 물론 '인내'라는 두 글자를 쓰는 것은 쉽다. 그러나 실천에 옮기는 것은 그렇게 쉬운 게 아니라는 것도 잘 알고 있다. 그럼에도 불구하고 인내는 중요하다. 자신의 꿈을 이루기 위해서도 필요하지만 좋은 가정을 이루기 위해서도 반드시 필요하다.

사람이 화가 나면 속에서 없었던 말도 튀어 나온다. 그러나 화를 거침없이 쏟아놓다 보면 그 강도는 점점 더 세질 수밖에 없다. 화가 나는 그 순간에도 잠시 멈출 인내가 필요하다. 그리고 상대의 말을 주의 깊게 들어줄 수 있는 인내를 가져야만 한다. 또한 상대가 변할 수 있는 시간을 줄 인내도 필요하다.

잠깐의 인내가 충분히 지혜로운 관계를 만들어낼 수 있다. 사실 내

맘에 꼭 드는 사람은 이 세상 어디에도 없지 않은가. 좋은 부부관계도 인내의 시간을 거쳐 성숙하는데, 이는 서로를 맞춰 갈 수 있는 지혜가 생기기 때문이다.

이 세 가지만 잘해도 이 세상의 부부들은 서로 소통하는 아름다운 가정을 지켜 나갈 수 있다.

다음으로, 부모와 자녀 간의 리-이미지케이션에 대해 알아보자.

사회적으로 성공한 부모도 자녀들과의 소통이 이루어지지 않는 경우가 많다. 또 부모님의 사랑을 오해하여 부모님과 거리를 두는 사람도 많다. 사랑을 어떻게 전달할 수 있는지 막막해하는 부모들도 있다. 서로 통할 수 있는 부모-자녀 간의 관계를 만들기 위해 다음 세 가지만 기억하자.

1. "나는 너를 믿는다"라고 표현하자!

어린 자녀에서부터 나이가 많은 자녀까지 가장 좋은 격려의 표현은 "널 믿는다"일 것이다. 아이의 존재를 최대한 존중하는 방법이 신뢰를 보여주는 것이다. 아이가 학교에서 힘들어하거나 현재 말썽을 부리고 있다면 문자 메시지로 "힘들지! 힘내라. 아빠(엄마) 널 믿는다"고 마음을 담아 보내자! 진심은 통하게 되어있으므로 굳이 말을 하지 않더라도 아이들은 분명 힘을 낼 수 있다.

어린 자녀를 둔 경우에도 아이의 눈을 바라보면서 다정하고 부드럽게 "널 믿는다"고 자주 표현해주자. 어리지만 부모가 자신을 든든하게 믿고 있다는 인식이 저장될 것이니, 또래친구들보다 훨씬 자신감 있고 긍정적으로 커나갈 수 있다.

2. 부드럽게 소통하자!

우리나라 사람들은 목소리가 큰 편이다. 아이들을 보면 별것 아닌 일에도 큰 소리를 벅벅 지르는 아이들이 있다. 남자아이나 여자아이나 소리를 지르는 아이들이 공격적이고 다른 사람과 자주 싸우게 된다. 싸우는 게 습관화된다면 그 사람 곁에 누가 남을까?

Chapter 1에서 맛있는 사람으로 바뀌는 휴먼 이미지케이션의 요소 중 하나를 '부드러움'이라고 한 바 있다. 가정에서 부드럽게 소통할 수 있는 방법이 자연스러워야 사회에 나가서 대인관계를 잘 풀어 나갈 수 있다. 같은 말을 건네도 부드럽고 온화하게 대화할 수 있도록 부모들이 분위기를 부드럽게 만들어 나가려는 노력이 필요하다.

또한 자녀가 예쁘다는 걸 표현한답시고 툭툭 건드리는 부모가 있는데, 그런 행동이라도 부드럽고 따뜻할 때 자녀가 훨씬 편하게 느낄 수 있다.

3. 파트너십을 자연스럽게 유도하자!

Chapter 1에서 맛있는 사람으로 바뀌는 휴먼 이미지케이션의 요소 중 하나를 '융화'라고 한 바 있다. 제아무리 똑똑한 사람도 사회에서 파트너십을 갖지 못해 대접받지 못하는 사람이 많기 때문이다.

미국의 사회학자 대니얼 골드만은 이제 SQ(사회지능)가 얼마나 높은가에 따라 성공의 여부를 판가름할 수 있다고 보았다. 융화력이 높은 사람이야말로 어떤 직장 분위기에서도 환경을 탓하지 않고 그런 직장 분위기까지 바꿔줄 수 있다.

조직과 직장, 가정이 융화되어 있다는 것은 그 구성원의 행복도에 지대한 영향을 미칠 것이고 일하고 싶은 의욕과 사기까지 북돋워줄 수 있다. 일례로 명문대를 졸업해서 그럴싸한 학위를 가지고 소위 잘 나가는 직장에 취직했어도, 회의를 할 때 직장동료와 상사가 하는 말에 콧방귀나 뀌고 건방진 태도를 버리지 못하는 사람은 반쪽 엘리트로밖에 인정받지 못할 것이고 결국 혼자 겉돌다 '이 회사는 나랑 안 맞는다'며 그만 두는 악순환을 반복할 수도 있다.

부모들은 생활에서 융화력을 갖춘 사람으로 자녀들이 성장할 수 있게 도와야 한다. 자녀들이 파트너십을 기를 수 있도록 팀플레이가 필요한 운동을 시키거나 가족이 함께 할 수 있는 공동 취미를 기르는 것도 좋은 방법이다.

가정에서의 리-이미지케이션이 잘돼 가족이 모두 화목하고 가족 구성원 한 사람 한 사람이 자기가 속한 관계에서 행복해지는 건 결국 우리나라 국민 전체의 행복도까지 높일 수 있는 일이다. 그러므로 가정에서의 효과적인 리-이미지케이션은 중요한 의미를 갖는다.

CHECK POINT!

 구체적인 리-이미지케이션의 기술

어떤 일을 하든지 어떤 위치에 있든지 편안한 사람으로 비춰지는 것도 능력이다.
상대를 편안하게 대할 수 있으려면 부드럽게 자신의 이미지를 커뮤니케이션하는 것
이 중요하다.

- 편한 사람들에게 사람들이 다가가고 관계가 자연스럽게 연결된다. 외모와 대화법
  을 상대가 편하게 느낄 수 있도록 신경 쓰자.

- 아무리 가까운 사이라도 되도록 존댓말을 사용하려는 노력을 해보자. 반말을 사용
  하다 보면 언성이 높아질 때도, 서로 상처주는 말을 할 때도 있는데 존댓말을 사용
  하면 무의식적으로 상대를 존중하는 마음을 갖게 되어 조심하게 된다.

- 마음에서 우러나는 칭찬을 상대에게 아낌없이 하자. 칭찬이야말로 상대방에 대한
  긍정적인 나의 생각을 상대와 나누는 좋은 리-이미지케이션의 방법이다.

- 글을 쓰다 보면 자신의 생각과 느낌을 정돈할 수 있는 여유가 생기고 지금 자신의
  상태를 잘 파악할 수 있기에 정체성 확립에도 도움을 주는 아이드-이미지케이션의
  방법이 될 수 있다. 또한 글을 상대에게 보내는 순간 글은 나만 볼 수 있는 것이 아
  닌 상대와의 교류를 형성할 수 있는 가능성이 열리기에 리-이미지케이션의 방법도
  될 수 있다.

- 자기의 이미지를 구성하는 요소 중 중요한 부분을 차지하고 있는 것이 가족이다.
  가족들과의 관계가 편안할 때 사회에 나가서도 힘을 낼 수 있고, 아무도 모르는 마
  음속 걱정을 덜 수 있게 되며, 원만한 대인관계를 맺는 데도 도움이 된다. 즉 자신이
  가정이라는 든든한 울타리 안에서 소통되고 있을 때 행복을 느낄 수 있다.

메타 이미지케이션

meta imagication

이미지케이션의 '지속가능한 발전'을 고민하다

이미지케이션은 아직 미지의 영토다.
이미지메이킹 부분은 자기표현 테크닉 위주로 많이 발전했지만,
이미지케이션은 인간 심리의 본질에 접근하는 것이므로
여러 인접 학문이나 테크닉과 연결되며 계속 탐구되고 개발되어 나가야 한다.
결국 이미지케이션, 그 자체에 대해(meta) 연구하는 것,
다른 말로 '메타 이미지케이션'(meta imagication)이 필요하다.

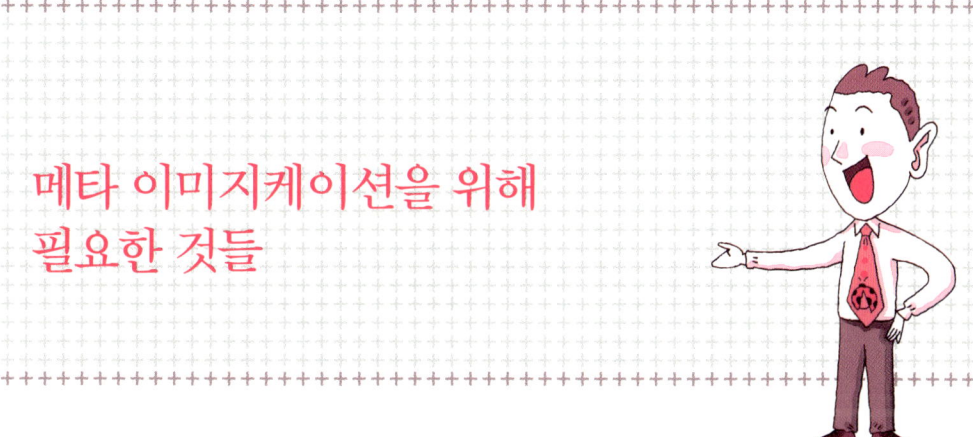

메타 이미지케이션을 위해 필요한 것들

'메타meta'는 '사이에, 후에, 넘어서'라는 뜻의 접두어이며, 흔히 '메타비평'을 '비평 자체에 대한 비평(분석, 연구)'으로 풀이한다. 그러므로 '메타 이미지케이션'이란 '이미지케이션 전략의 한계를 넘어서는 것' 또는 '이미지케이션 전략 자체에 대한 연구'라고 말할 수 있다.

앞에서 이미지케이션에 대해 언급했지만 이미지케이션의 발전을 위해 어떤 노력이 필요한지에 대한 모색도 중요하다. 기존의 이미지메이킹의 영역은 자기표현 테크닉 위주로 많이 발전했지만, 이미지케이션 전략은 심리와 관계 모색에 초점을 맞춰 접근하는 것이므로 여러 인접 학문과 연결되며 계속 탐구되고 개발되어 나가야 한다.

이미지케이션 안에는 다양한 학문이 응용된다. 경영학, 심리학, 커뮤니케이션학, 사회학, 패션 등 많은 학문이 접합되고 있다. 마치 휴대전화를 하나 만드는 데도 사회학과 인류학, 음향학, 예술가, 보석 전문가, 디자이너, 심지어는 우주과학 엔지니어의 도움이 필요한 것처럼 말이다.

개인을 새로운 '이미지씨'로 만드는 아이드-이미지케이션, 관계 속에서 친구와 인맥(즉 '이미지메이트')을 형성하는 리-이미지케이션, 이 모두를 포함한 휴먼 이미지케이션을 추구하고 그 자체에 대해 고민하고 연구하며 발전시켜 나가는 것이 바로 메타 이미지케이션이다. 이러한 노력이야말로, 인간적으로 무리 없이 자연스럽게 발전되어야 하므로, 자연을 파괴하지 않는 발전을 일컫는 용어인 '지속가능한 발전Sustainable Development'과도 어울린다고 하겠다. 이미지케이션의 지속가능한 발전을 위해 꼭 필요한 연구, 바로 이것이 메타 이미지케이션이다.

이미지케이션을 잘하면 일차적으로 셀프 리더십에 도움을 주고 이차적으론 진정한 소통을 이끌어낼 수 있다. 더불어 자기관리self management는 덤으로 할 수 있게 된다. 이미지케이션을 잘하는 사람은 1+1이 단순히 2가 아닌 그 이상의 결과를 창출할 수 있다. 반면에 이미지케이션을 제대로 못하는 사람은 마이너스의 결과가 나오기도 한다. 만약 이런 사람이 있다면 자신의 정체성에도 손상을 입을 수 있고 대인관계도 제대로 맺지 못할 것이다.

Chapter 4에서는 메타 이미지케이션에 필요한 요소들부터 살펴보자.

_ 빠르게 변하는 사회를 감당하려면 유연성이 필요하다

많은 경영 전문가와 자기계발 전문가들은 지금의 기업과 조직, 개인에게 가장 필요한 요소를 '유연성flexibility'으로 꼽고 있다. 속도의 변화를 감당하려면 유연한 자세로 새것을 흡수하고 현재의 것을 다듬어 나가 상황에 맞는 경영을 해나가야 살아남을 수 있는 상황이 펼쳐졌기 때문이다.

이제 기업의 이미지CI: corporate image나 개인의 이미지PI: personal image도 다시 심사숙고해야 할 때다. 그야말로 말랑말랑한 유연한 이미지로 거듭나려는 노력이 그 어느 때보다 절실한 상황이다.

CEO의 이미지self image는 기업의 이미지에 막대한 영향을 미치고 기업의 생산성과 보이지 않는 직원들의 팀워크에도 영향을 줄 수 있다. 상사의 이미지는 부하직원에게 전달되고 부서의 분위기를 결정한다. 부하직원의 이미지도 조직을 뒷받침하는 데 중요한 역할을 한다. 기업은 사람을 근간으로 하는 만큼 전 직원들의 이미지에도 특별한 관리전략이 필요하다. 기업들은 바람같이 휙휙 바뀌는 소비자의 마음을 잡기 위한 노력을 해야 한다. 또한 조직 안에서 팀원들이 서로 믿어주고 마음을 다독거리는 배려가 있다면 그 조직은 성공할 수 있는 가장 큰 핵을 쥐고 있는 것이다. 일례로 현재 몇몇의 기업에서 CEO가 직원들에게 매주 편지를 발송한다고 한다. 수많은 이유가 있겠지만 아마도 직원들을 격려하고 그들의 마음속에 따뜻하게 남기 위한 노력에서 시도한 게 아닌가 싶다. 마음이 통하면 아무리 어려운 상황에서도 서로가 힘을 낼 수 있다. 기업뿐만 아니라 그 어떤 관계에서건 서로를 생각해주는 마음이 있다면 그 관계는 오래 지속될 수 있으며 발전할 수 있다.

유연성 있는 사람이 많은 조직일수록 일할 맛 나는 일터가 형성될 수 있고 팀원들의 사기를 진작시키고 더불어 윈윈 효과를 창출해낼 수 있다. 이러한 유연성도 관계relationship를 소중히 여길 때 더 풍부해진다.

유연성 있는 이미지로 거듭나기 위해선 자신의 외적 이미지 관리에도 신경을 써야 한다. 경영학자 톰 피터스도 이제는 제품 그 자체보다 "디자인"에 주력을 해야 한다고 강조했고 디자인을 새로운 기업의 영혼으로까지 표현했다. 이건 비단 제품에만 해당되는 이야기가 아니다. 똑같은 사람이라도 이제는 자신을 어떻게 표현할 것인가에 대한 전략이 '평생 자기 재창조'에 맞는 사고이다.

유연성을 갖춘 사람은 지금 이 순간에도 사방의 변화에 민감하게 안테나를 세우고 새로운 것을 받아들이고 현재의 것에 어떻게 접목시킬까에 초점을 맞춘다. 또한 상대를 편안하게 해주고 상대를 격려하며 인정해줘서 사람을 기분 좋게 만들어주는 사람이며 자신의 외모에도 세심하게 신경 쓸 줄 아는 센스 있는 사람이다.

딱딱하고 굳은 이미지로 비춰지는 사람 옆엔 사람이 모이지 않는다. 이젠 외형적인 강한 카리스마보다 말랑말랑한 젤리처럼 융통성 있게 변화에 대처하는 리더십을 갖춘 사람이 조직에서 더 큰 시너지를 낼 수 있는 사람으로 부각될 것이다. 유연성은 창조성과 열정, 생산성 모두에 중대한 영향을 미친다.

유연성을 정치에 적용시킨 인물을 떠올리자면 미국의 링컨 대통령을 꼽을 수 있다. 여전히 미국 국민의 마음속에 살아 있는 링컨은 자신보다 더 많은 교육을 받고 명망 있는 가문 출신의 사람들을 주축으로 내각을 구성했다. 국무장관에 슈워드를 임명했고, 재무장관에 체이스를, 법무장관에는 베이츠를 임명하였다. 자신의 오른팔도 아니었고 자신을 비방하고 얕보았던 이들을 다시 모아 나라를 이끌어 나가는 원동력을 창출할 수 있었던 이유는 바로 링컨이 갖고 있는 유연성 때문이었다.

우리의 선조 중 광개토태왕도 옛 요동 지방까지 국토를 확장했을 뿐 아니라 정치, 경제, 문화, 군사까지 아우르는 유연성 있는 리더십으로 이미지케이션한 인물이다. 조선 후기 실학을 중시한 학자들도 유연성을 가지고 사회를 개혁하고자 했던 인물들이다.

오늘날 기업 중에서 유연성 있는 기업을 꼽으라면 GE를 들 수 있다. GE는 금융, 의료기기, 에너지, 발전설비 등 서로 다른 사업을 인수해 높은 시너지를 창출할 수 있었다. 또한 인수한 분야를 집중적으로 관리해서 탄탄한 글로벌 기업으로 성장했다.

금융권도 앞을 내다볼 수 없는 치열한 분야다. 현재 순위에 연연하는 것보다 시장의 변화와 소비자의 트렌드를 읽는 유연성을 갖춘 금융사만이 소비자를 잡을 수 있다.

경영의 흐름도 트렌드trend가 있다. 이 트렌드를 살필 줄 알고 변화된 시장에 새로운 경영 방법을 도입하는 유연성을 갖추고 있어야 지속가능한 기업으로 발전할 수 있다. 단순한 이익 창출에만 혈안이 되는 기업은 시간이 갈수록 버티기 어려울 것이다. 또 한편으로 기업의 사회적 책임CSR: Corporate Social Responsibility이나 기업의 투명성, 윤리성을 제고하는 유연성 있는 기업이 사회에서 가치를 창출할 수 있다.

기업뿐만 아니라 사람도 유연성을 갖추는 노력이 필요하다. 기업의 CEO야말로 유연성을 갖출 때 기업의 지속가능한 발전을 이끌어낼 수 있다. CEO가 '서번트 리더십'으로 임원들과 사원들을 아끼는 유연한 태도를 지닐 때 사원들은 비로소 자신의 비전과 역량을 유감없이 발휘할 수 있게 된다. 이러한 '서번트 리더십'도 유연성이 있을 때 가능해진다. 만약 당신이 관리자라면 유연성 있게 부하직원과 상사의 의견을 조율해야 직장 내의 스트레스를 줄일 수 있고 팀워크를 형성하는 데 기여할 수 있다.

인생의 후반전을 위해서라도 유연성 있게 커리어를 준비하고 자기관리를 해나갈 수 있는 사람만이 원하는 미래를 만들어나갈 수 있다.

상대방과 대화할 때 상대의 바디 랭귀지에 신경을 쓰며 대화를 할 때 유연성은 많이 향상된다. 유연성이야말로 메타 이미지케이션을 지속적으로 발전시켜 나가는 데 중요한 요소이다.

_ 상대를 향한 열린 마음은 원활한 의사소통을 부른다

미래학자 존 나이스비트는 효과적인 커뮤니케이션을 위해 상급자, 동료, 직원들의 다양한 요구와 흥미, 선호도, 의사소통 방식에 맞출 필요가 있다고 했다. 원활한 커뮤니케이션을 위해선 상대를 향한 열린 자세, 즉 개방성을 가질 때 주위 사람들의 다양한 니즈를 파악할 수 있게 된다. 저마다 제각각인 사람들과 의사소통을 원활히 이루려면 개방성을 갖고 있어야 다양성이 무엇인가를 느낄 수 있다. 그런 다양성이 익숙해지다 보면 남의 것을 받아들여 새롭게 창조하는 창의성까지 더불어 얻을 수 있게 된다.

만났던 사람들만 늘 만나려는 사람은 자신을 열어놓고 새로운 것을 받아들여 발전시키는 사람을 따라잡을 수 없다.

개방성을 갖고 있으면 일단 경계하지 않고 가리지 않으니 많은 걸 보고 느낄 수 있다. 그러니 폐쇄적인 사람보다 상대적으로 즐거울 가능성이 높다. 즐거운 감정을 느낄 수 있다는 건 큰 축복이다. 타인과 만날 때 열린 자세를 갖춘 사람들은 만남도 적극적이고 즐거운 시간을 가질 수 있다. 이건 기업도 마찬가지다. 물론 새로운 것을 인수하려면 경제적·물리적 비용을 감수해야 하지만 개방성을 잘만 활용한다면 새로운 부가가치를 창출해낼 수 있다. 이 책 Chapter 2에서도 열린 자세에 대해 언급했는데 다른 사람의 말을 들을 때도 따뜻한 시선으로 그 사람이 하는 말의 내면까지 들여다볼 수 있을 만큼 경청하고 자연스러운 손동작과 어깨를 펴서 자신감 있는 자세를 유지하는 자세가 열린 자세다.

상대를 향해 열린 자세를 취하는 사람은 다른 사람의 엔도르핀과 도파민까지 방출시켜 관계를 행복하게 만드는 사람이다.

_ 혼자가 아닌 우리라는 관계 중심적 사고를 가지자

다른 사람을 밟아야 내가 살 수 있다는 약육강식의 사고는 20세기엔 통했을지 모른다. 그러나 21세기는 혼자가 아닌 '우리'라는 관계를 소중히 해야 살아남을 수 있는 패러다임으로 전환되었다. 일 하나를 하더라도 그 일과 관련된 사람들은 꼬리에 꼬리를 물고 있다. 아프리카 속담 중에 '빨리 가려면 혼자 가고 멀리 가려면 함께 가라'는 속담이 있다. 확실히 힘을 합칠 때 시너지가 발생하게 된다.

혼자 사업을 하는 사람은 관계를 소홀히 해도 된다고 생각하면 큰 오산이다. 그런 사람일수록 보다 다양한 그룹에서 교류를 해야 하기에 관계에 더 많은 시간과 노력을 들여야 한다. 관계를 소중히 여기다 보면 예상 못했던 곳에서 큰 도움을 받기도 한다.

다양한 분야의 많은 사람들이 이뤄낸 위키피디아도 많은 사람의 힘으로 방대한 지식을 축적하고 끊임없이 갱신되고 있다. 물론 내용의 질적인 부분과 책임의 한계도 있지만 초보자들은 위키피디아에서 많은 내용을 알차게 얻어 간다. 사람 중엔 약삭빠르게 처음엔 모든 걸 다 줄 것처럼 친절히 다가왔다가 자신이 원하는 걸 얻고 나면 슬며시 연락을 끊는 사람이 있다. 이런 사람들은 자신의 분야에서 오래 가지 못한다. 입소문은 생각보다 무서운 마케팅 효과를 가지고 있기 때문이다. 약간 손해를 보더라도 상대를 이해하고 같이 상생하려는 마음을 갖고 관계를 소중하게 이어 나가다 보면 어느새 여러분을 도와주고 힘을 줄 인맥이 구축될 것이다. 어딜 가나 진심은 통한다. 세일즈에서도 같은 분야의 세일즈맨과 경쟁을 생각하는 사람은 아직 초보라고 한다. 진짜 세일즈의 프로들은 같은 분야더라도 상대의 영역을 존중하면서 관계를 맺어 시너지 효과를 낸다. 나 하나에 초점을 맞춘 시각보다는 관계 중심적인 우리에 초점을 맞추는 것이 메타 이미지케이션을 위해 필요하다. 그것이 결국 나를 위하는 길이고 상대를 위한 길이며 우리 모두에게 더 좋을 길을 열어 줄 수 있기에 그렇다.

'가정'도 관계를 떠나서는 성립될 수 없고 '직장'도 관계를 떠나서는 보다 나은 이윤을 창출할 수 없다. '관계'는 사랑과 관심을 이끌어 낼 수 있고 성과와 이윤도 만들어낸다. 관계를 확장하면 인맥이 되며 관계에선 힘power이 발생된다.

관계 중심적 사고가 여러분이 맺어가고 싶은 교류의 긍정적인 발전과 여러분이 하고자 하는 일에 활기를 불어넣어줄 것이다.

_ 남이나 조직을 위해서가 아니라 자신을 위해 열정을 갖자

GE코리아 이채욱 회장은 열정을 "조직을 위해 갖추어야 하는 것이 아니라 스스로를 위해 만들어내야 하는 조건"이라고 했다. 우리는 "열정만 갖고 오십시오"라는 광고 문구를 흔히 본다. 그러나 정작 우리 주변에서 열정 있는 사람을 찾기는 힘들다.

열정은 내 자신의 비전에 힘을 낼 수 있는 연료로 쓰일 것이고 대인관계에선 또다시 만나고 싶고 손잡고 같이 일해 보고 싶은 사람으로 만들어줄 것이다. 열정을 갖고 있는 사람은 말 한마디에도 긍정을 담는다. 직장인들을 볼 때 안타까운 것은 매너리즘에 쉽게 빠져 자신이 하는 일에 긍지를 갖는 사람이 별로 없다는 것이다. 열정이 없는 사람은 대번에 티가 난다. 만사가 귀찮고 표정은 뿌루퉁하다. 당연히 눈빛에도 총기가 없다. 그러다보면 직장에서 원만한 소통이 될 리가 없다. 또 그런 분위기는 타인에게 쉽게 전이된다. 상사도 예외일 수 없다. 열정이 없는 상사와 같이 있다는 것만으로 열정적인 직원의 에너지마저 고갈되어 버리기 일쑤다. 열정이 없다면 혁신적으로 일을 추진해나가는 힘이 떨어지고 그저 예스맨으로 눈치를 보며 근무할 수밖에 없다.

열정적인 가수가 몇 분간만 열창을 해도 사람들은 감동을 받고 환호를 보낸다. 그만큼 열정을 가진 이가 드물기에 사람들은 열정 있는 사람들을 존경하고 만나면 행복해하고 스스로의 성취동기에 자극을 받는다.

마이크로소프트의 빌 게이츠는 열 명 내외의 열정으로 뭉친 이들과 시애틀의 작은 방에 모여 제품을 개발했다. 애플의 스티브 잡스 역시 열정적인 엔지니어 몇 명과 손을 잡고 연구한 끝에 아이포드를 탄생시킬 수 있었다. 스타벅스도 기존의 저가 커피시장에서 탈피해 커피 애호가들의 욕구를 만족시키고 동시에 교류의 장까지 만들려는 하워드 슐츠의 열정이 있기에 가능한 것이었다. 여행가 한비야 씨나 성주 인터내셔널의 김성주 씨도 모두 열정이 대단한 여인들이다.

여러분은 어떤 가슴으로 살아가고 있는가? 마음속에 밝은 열정의 횃불을 켜고 자신의 미래를 개척해 나가는 노력을 하고 있는가?
열정이야말로 메타 이미지케이션을 확실하게 해줄 요소이다.

_ 스스로 재미있게 즐기자

이미지케이션을 성공적으로 해나가다 보면 사람 만나는 일이 즐거워지게 된다. 사람들은 재미있고 즐거운 것은 시키지 않아도 스스로 하게 된다. 자신의 이미지가 관리되니 세련된 모습에 흡족해질 것이고 동시에 관계를 소중히 여기다 보니 사람들을 만나고 인맥을 자연스럽게 확장할 수 있게 되니 그렇다. 메타 이미지케이션은 자신의 부족한 면을 끌어올려주며 관계에 '활력'을 불어넣어주는 것이기에 여러분 스스로 재미있게 즐기려는 노력이 필요하다.

유머 경영의 선두주자인 사우스웨스트 항공사의 허브 켈러허 회장도 경영의 재미를 넣어 사람들에게 사우스웨스트 항공사의 차별화를 인식시켰다. 사우스웨스트 항공사는 32년 동안 연속 흑자를 달성했고 이직률이 10%도 안 된다. 켈러허 회장은 직장이 즐거워야 한다고 강조한다. 직원을 뽑을 때도 유머감각이 있는 사람을 우선한다고 한다.

일이 재미있으면 아무리 일이 고되고 힘든 상황에도 일을 추진할 수 있는 힘이 생긴다. 대부분의 직장인이 자신이 하는 일에 쉽게 매너리즘에 빠지는 이유도 일이 의욕을 불러일으킬 만큼 재미가 없고 그저 단순한 업무를 반복하기 때문이다. 여러분의 즐겁고 활기가 넘치는 모습은 주변 사람들에게 자극을 줄 것이고 여러분의 밝고 긍정적인 태도는 다른 이에게 긍정적인 에너지로 전달될 수 있다.

즐거움은 앞에서 말한 리-이미지케이션에 필요한 요소 중 '융화'와 '나눔'을 더 배가시킬 수 있는 좋은 전략이 된다.

만남도 즐거워야 분위기가 경직되지 않는다. 처음부터 자신이 원하는 것만 얻으려고 하는 얄팍한 이기심은 상대의 심기를 불편하게 할 수 있다. 지금 여러분이 관심 갖는 새로운 분야도 즐겁게 하다 보면 더 많은 실력을 부가적으로 얻을 수 있게 될 것이다.

여러분의 생활을 보다 즐겁게 만들어보자. 즐거움은 메타 이미지케이션을 지속하게 해줄 촉진제로 충분한 힘을 발휘할 수 있게 만들어준다.

_ 작은 일이라도 지금 당장 시작할 용기를 가지자

나는 한국능률협회KMA에서 주관하는 '이미지 커뮤니케이션' 과정을 담당하고 있다. 이 과정은 2007년부터 시작된 공개교육의 'One day session'의 여러 과정 중 하나로 시작됐다. 아직 홍보가 많이 되지 않은 상황이지만 이 과정을 수강한 학생들의 피드백을 보면 소신 있게 준비한 내 과정에서 희망을 발견하게 된다.

이 과정을 개발할 때에도 실은 많은 용기가 필요했다. 강의는 용기에서 그치는 것이 아니라 실제 적용 가능해야 하고, 그에 뒷받침된 이론적 근거도 있어야 하기 때문이다. 이 과정이 시작되기 며칠 전에는 울렁증이 생길 정도로 극심한 스트레스를 받았지만 용기만큼은 잃지 않았다.

용기를 내려면 많은 에너지가 요구된다.

새로운 일을 시작함에 있어서, 새로운 사람을 만나야 되는 시점에서 자신의 소신을 밀어붙일 때에도 용기는 꼭 필요하다. 두려움과 실패를 먼저 생각하면 아무것도 할 수 없다. 그런데 막상 일에 부딪히면 예상외로 쉽게 해결되는 일이 많다. 또한 준비를 많이 하고 용기를 낸 일일수록 그것에서 얻어진 성취감은 어떤 것과도 비교할 수 없다.

처음 강의를 시작했을 때 강의 인원이 150명이라는 소리를 듣고 며칠 동안 잠을 설쳤다. '세상에 150명을 놓고 어떻게 강의하라는 거지'라는 두려움과 함께 150이라는 숫자가 머릿속을 둥둥 떠다녔다. 그러나 숫자는 숫자일 뿐이라는 생각과 동시에 '못할 것도 없지'라는 용기로 강의를 무사히 마칠 수 있었다.

여러분은 평상시에 얼마나 많은 용기를 내고 있는가? 타성에 젖어 그저 판에 박힌 일에 넌더리를 내면서도 당장 나오는 월급 때문에 여러분 자신의 삶을 소모하고 있진 않은가 생각해봐야 한다. 지금 여러분에게 영향력을 미칠 인물이 떠오르는가? 지금 다니고 있는 회사의 CEO일 수도 있고 경제적으로 도움을 줄 사람일 수도 있고, 대학의 교수님일 수도 있을 텐데 그런 사람을 만날 용기를 내본 적이 많은가도 생각해봐야 한다.

현대 그룹 고故 정주영 회장의 아버지가 소 판 돈을 훔쳐 서울로 올라온 용기가 없었다면 오늘날의 현대는 존재하지 못했을 것이다.

다국적 화장품 회사로 성장시킨 메리 케이 여사도 세 자녀를 둔 홀어머니였지만 평생 모은 5천 달러의 자본으로 메리 케이 코스메틱을 국제적인 기업으로 성공시킬 수 있었다. 도전과 용기가 있었기에 오늘날의 그녀를 가능하게 했다.

인텔의 앤디 그로브 회장도 "모든 사람들이 사실이라고 믿는 것이 아무것도 아닐 수 있다"고 말하며 일을 진행해 나갔다.

우리는 생활 속에서 많은 용기를 내야 한다. 습관과 체질은 안주해도 괜찮다고 여러분에게 자꾸 '미루기'를 부추길 것이다. 그건 자신과의 소통을 일으키는 아이드-이미지케이션과 타인과의 교류를 지향하는 리-이미지케이션의 최대의 적이다.

좀 더 크게 심호흡을 해보자. 좀 더 대담해지자. 머릿속에 해야 할 계획들과 하고 싶은 목록이 떠오른다면 지금 바로 시작해보는 용기를 내보자. 생활 속에 축적된 조그마한 용기들은 새로운 미래를 만들어 나갈 여러분에게 많은 힘을 더해줄 것이다.

CHECK POINT!

개인을 새로운 '이미지씨'로 만드는 아이드-이미지케이션, 관계 속에서 친구와 인맥(즉 '이미지메이트')을 형성하는 리-이미지케이션, 이 모두를 포함한 휴먼 이미지케이션을 추구하고 그 자체에 대해 고민하고 연구하며 발전시켜 나가는 것이 바로 메타 이미지케이션이다.

 메타 이미지케이션을 위해 필요한 것들

- 유연성 : 빠르게 변하는 사회를 따라잡으려면 유연한 자세로 새것을 흡수하고 현재의 것을 개량해 상황에 맞춰 나가야 한다.
- 개방성 : 상대를 향한 열린 마음은 인간관계에서 원활한 의사소통을 부른다.
- 관계중심적 사고 : 혼자가 아닌 우리라는 사고를 가져야 살아남을 수 있는 세상이다. 상대를 이해하고 같이 상생하려는 마음을 갖고 관계를 소중하게 이어 나가다 보면 어느새 여러분을 도와주고 힘이 될 인맥이 구축될 것이다
- 열정 : 열정은 조직이나 남을 위해 필요한 조건이 아니다. 스스로를 위해 만들어내야 하는 조건이다. 열정은 자신의 비전에도, 인간관계에서도, 일에서도 꼭 필요한 에너지다.
- 즐거움 : 즐겁고 활기가 넘치는 모습은 주변 사람들에게 자극을 줄 것이고 밝고 긍정적인 태도는 다른 이에게 긍정적인 에너지로 전달될 수 있다. 메타 이미지케이션은 자신의 부족한 면을 끌어올려주며 관계에 '활력'을 불어넣어주는 것이기에 스스로 재미있게 즐기려는 노력이 필요하다.
- 용기 : 아주 작은 일이라도 새로운 일을 시작함에 있어서, 새로운 사람을 만나야 되는 시점에서, 자신의 소신을 밀어붙일 때에도 용기는 꼭 필요하다. 두려움과 실패를 먼저 생각하면 아무것도 할 수 없다.

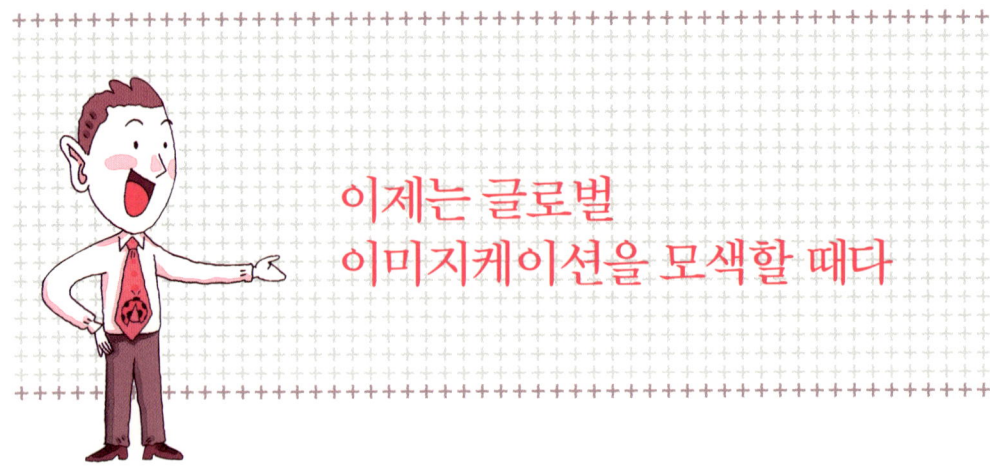

이제는 글로벌 이미지케이션을 모색할 때다

이 책을 읽는 여러분의 연령대와 상관없이 이젠 세계 속의 '나'를 생각해봐야 한다. 앨빈 토플러나 존 나이스비트는 각 나라가 '세계화 *globalization*' 라는 트렌드를 어떻게 받아들였는가에 따라 한 나라의 경제 발전이 결정된다고 했다.

유학과 어학연수가 보편화되고 있고 우리나라에도 세계에서 많은 사람들이 오고 있다. 이때 우리나라 문화에 대한 정체성을 가지고 타문화를 이해하며 적응할 수 있을 때 개인적인 발전이나 성공적인 비즈니스 커뮤니케이션도 가능하게 된다.

글로벌 커뮤니케이션, 나아가 세계 속에서 이미지케이션 전략을 전개하는 '글로벌 이미지케이션'을 할 때 각 나라의 문화 코드를 이해하지 않고는 다른 나라에서의 생활이나 비즈니스를 할 수 없다. 또 타 문화에 적응하지 못하면 자칫 성격까지 변하게 돼서 자신감을 잃어버 리고 대인관계까지 기피할 수 있는 심각한 사태에 이를 수도 있다.

빌르즈와 험프리(1957년)는 자기가 자란 문화와 다른 문화를 만나 게 되면서 받는 심리적 충격을 "문화충격culture shock"이라고 했다. 이 용어는 많은 인종, 민족으로 이루어진 미국 사회에서 처음 생겼다.

눈을 들어 다른 문화를 이해하는 시각이 요구되는 시대이다. 이제 는 우리가 원하지 않아도 세계화가 되어버린 세상에서 다른 문화를 이해를 할 수 있는 안목을 키우는 것은 국제적인 감각과 비즈니스를 위한 필수 요소다. 다른 나라 문화를 좋아하라는 얘기가 아니다. 또 타 문화가 우리와 너무 다르다고 비방하라는 얘기도 아니다. 그저 객 관적인 시선으로 타문화를 받아들이라는 뜻이다. 상대방의 문화에 대

한 거부감이 없어지고 자연스럽게 받아들일 수 있을 때 비즈니스가 가능해지기에 다른 나라의 문화에 대한 이해는 기본이 되어야 한다.

특히 다른 나라와 비즈니스를 할 때는 그 나라의 커뮤니케이션 방법이 어떤지를 충분히 숙지하고 비즈니스를 발전시켜 나가야 한다. 예를 들어 인간관계를 중시하는 문화권(라틴아메리카, 중동지역)의 사람과 업무 중심의 문화권(미국, 독일)의 사람들이 비즈니스를 맺을 시 서로의 문화를 충분히 이해하지 않으면 비즈니스는커녕 서로에게 오해와 불쾌감을 줄 것이다. 또 미국은 격식을 그다지 중요시하지 않는 비非격식 문화의 나라이다. 이 문화의 시각으로 다른 문화 사람들과 커뮤니케이션한다면 격식을 중시하는 아시아와 유럽문화권의 사람과 자칫 충돌을 일으킬 수 있다. 비격식 문화에 익숙한 사람은 격식 문화의 사람이 고리타분해 보일 것이며 격식 문화에 익숙한 사람들은 격식을 차리지 않는 사람들을 건방지고 무례하다고 여길 것이기에 그렇다.

시간개념이 유연한 문화권(라틴아메리카, 아프리카)의 사람들은 시간을 지체하는 것을 꺼려하는 미국이나 독일 사람들을 야박하다고 할 것이다.

대화를 할 때 말의 멈춤도 문화권마다 다르다. 일본 같은 경우 상대가 말한 후 몇 초 있다가 말을 시작하는 데 비해 라틴아메리카는 상대가 말을 끝내기도 전에 이어서 말하기 시작한다. 이런 문화를 충분히 이해하지 않고 비즈니스를 했다간 자칫 갈등을 불러일으킬 수 있다.

인사법만 해도 각 나라마다 다양하다. 멕시코, 아르헨티나, 콜롬비아 등 중남미 나라에서는 포옹하고 양 볼에 키스를 하고 악수를 하기에 다른 나라보다 신체 접촉 시간이 훨씬 길다. 악수도 나라마다 약간씩 다르다. 예를 들어 독일은 언제나 강하고 짧게 흔들고 프랑스는 손에 많은 힘을 주지 않는다. 미국은 적당히 힘 있게 쥔다. 대부분의 유교 영향권의 나라에서는 고개를 숙이는 목례를 하고 하급자나 나이가 어린 사람일수록 먼저 고개를 더 숙이며 인사한다. 태국에서는 '와이(합장)'가 인사법인데 양 손바닥을 마주한 채 턱까지 올린다. 아프리카 탄자니아의 마사이 부족은 친근감의 표시로 얼굴에 침을 뱉는다고 하며 갓 태어난 아이에게도 침을 뱉고 상거래 시에도 침을 뱉는다고 한다. 뉴질랜드의 마오리족은 코를 비빈다.

손의 사용도 조심해야 한다. 특히 동남아시아에서는 왼손을 신중히 사용해야 한다. 태국에서는 왼손 사용을 부정한 것으로 여겨 어린아이라도 왼손으로 머리를 만지면 안 된다. 미국에서는 동성끼리 손을 잡고 다니면 동성애자로 오해받을 수 있다. 엄지와 검지를 동그랗게 만드는 OK 사인도 우리나라에서는 "좋다" "준비가 다 됐다"의 긍정적인 뜻으로 사용되고 미국도 동일한 의미로 쓰인다. 그러나 일본에서는 '돈'을 의미하고 남미 쪽에서는 외설적인 뜻으로 간주된다. 엄지를 치켜세우는 건 어떨까? 우리나라에서는 '좋다' '최고다'의 의미로 쓰이지만 그리스나 호주에서는 욕이 되기에 이 역시 조심해야 한다. 손가락을 어떻게 하느냐와 손바닥을 보이는지 안 보이는지에 따라 뜻이 달라지니 다른 나라를 여행하거나 비즈니스를 할 때는 제스처를 어느 정도 숙지하고 가는 것이 필요하다.

비즈니스를 위해 해외로 떠날 때는 가고자 하는 나라의 문화, 생활

방식과 매너까지 익히고 가는 것이 업무에 많은 도움을 준다. 문화권마다 커뮤니케이션 방식이 각양각색이기에 그렇다.

또한 각 나라에서의 금기사항도 알아두면 요긴하게 활용할 수 있다. 그중에서 서로의 관계를 보다 부드럽게 풀어나갈 수 있는 선물 문화를 이해할 필요가 있다.

전 세계적으로 빠른 성장을 하는 나라인 중국과의 비즈니스에는 이별을 뜻하는 우산을 선물하지 말아야 하며 죽음과 관련된 시계나 슬픔을 뜻하는 손수건도 선물로는 부적합하다. 공손한 예의를 중시하고 표면상으로 하는 말과 속마음이 다른 일본인들에게는 흰색 꽃이나 짝수를 이루고 있는 선물은 되도록 피한다. 미국에서는 선물을 받은 자리에서 바로 풀어보는 것이 예의이고 백합은 죽음을 뜻하므로 선물하지 않는다. 독일 사람에게는 꽃을 포장하지 않고 줘야 하고 프랑스에서는 비즈니스 시 빨간 장미를 주지 않는다. 빨간 장미는 연인들 사이에서만 주기 때문이고 카네이션도 장례식에 쓰이는 꽃이므로 이 역시 선물하지 않는다. 멕시코에선 노란색 꽃을 선물하지 않는데 역시 죽음을 뜻하기 때문이다. 이란 문화권에서도 노란색 꽃은 상대방을 싫어한다는 것을 의미한다. 브라질이나 아르헨티나에서는 인간관계의 단절을 뜻하는 칼과 가위는 선물하지 않아야 한다.

즉 죽음과 관계된 선물은 피해야 하며 꽃의 색깔에도 주의해야 한다.

세계 여행이 보편화된 현 상황에서 음식문화에 대한 이해도 필요하

다. 딴 나라의 음식은 무슨 맛인지 알 수 없다며 각국의 사람들이 있는 공공장소에서 늘 고추장에 김치를 놓고 냄새를 풍기며 먹는다거나 타문화의 음식을 보면서 미개하다고 인상을 찌푸리며 무조건 배척하는 것은 메타 이미지케이션의 자세와는 거리가 있다. 상대 나라의 식사 매너를 어느 정도 익히고 가면 음식에 대한 호기심이 생길 것이고 훨씬 부드럽게 그 나라의 식사 문화를 익힐 수 있게 될 것이다. 세계 각 나라마다 술 문화도 다르다. 우리나라에 와인 바가 많이 생겨난 것도 세계화 현상에서 비롯된 것이라 할 수 있다. 와인 하나도 각 음식마다 어울리는 와인이 다르고 나라별로 다르다. 식전에 먹는 와인이 있고 식사 중에 먹는 와인이 있고 식후에 먹는 와인이 있다. 이렇게 다양한 와인들이 있음에도 불구하고 프랑스의 와인(예를 들어 '까베르네 쇼비뇽' 와인)이 좋다고 아무 때나 그 와인을 고집하는 것도 우스운 일이다.

미국이나 유럽에 갈 때는 기본적인 테이블 매너쯤은 익히고 가는 것이 즐겁고 여유 있게 식사를 즐기는 데 도움이 된다. 각 음식마다 쓰는 포크와 나이프도 다르고 술잔의 종류도 다양하기 때문에 아무것도 모르는 상태라면 당황스러울 수 있기 때문이다. 가령 하나의 포크로 야채를 먹고 고기를 먹고 생선을 먹는다면 비즈니스 파트너에게

CHECK POINT!

세계는 점점 좁아지고 있고 우리의 활동 무대는 이제 세계이다. 이때 우리 문화에 대한 정체성을 가지고 타문화를 이해할 때 글로벌 이미지케이션이 가능해진다. 이는 개인적인 성공뿐 아니라 비즈니스에도 적용된다. 비즈니스를 위해 다른 나라를 방문할 때는 가고자 하는 나라의 문화, 생활 방식과 매너까지 익히고 가는 자세가 필요하다. 문화권마다 인사법, 제스처, 생활방식, 관습이 달라 자칫하면 큰 낭패를 볼 수 있기 때문이다.

이미지케이션으로 몸값을 올려라

민망함과 무례함을 말없이 전달하는 격이다.

  앞으로 세계는 점점 더 좁아질 것이고 왕래도 더 많아질 것이다. 이런 흐름을 내다보는 안목과 글로벌 이미지케이션에 대한 진지한 모색이 세계와 소통하는 데 꼭 필요하다.

이미지케이션이 새로운 미래를 만든다

지금까지 이미지케이션의 구체적인 전략에 대해 알아보았다.

Chapter 1에서는 이미지케이션이 각 세대에게 필요한 이유와 휴먼 이미지케이션의 요소를 음식과 식재료를 통해 설명했다. Chapter 2에서는 아이드-이미지케이션을 이뤄나가기 위한 방법들과 신체 각 부위로 타인과의 소통을 이끌어내는 바디-이미지케이션에 대해 알아보았다. Chapter 3에서는 타인과의 관계를 위한 리-이미지케이션의 구체적인 방법을 제시했고, 마지막 Chapter 4에서는 이미지케이션을 더 발전시킬 수 있는 메타 이미지케이션과 그에 필요한 요소들을 다루었다.

이미지케이션은 일회성의 개념이 아니라 평생 동안 지속시켜야 한다. 그렇다고 해서 이미지케이션이란 것이 부담되거나 어려운 일도 아니다. 또 지금 당장 머릿속에 느낌으로 간직하고 있다가 어느 한순간에 풀어버려야 하는 집중력이 요구되는 것도 아니다. 또 일부 고위층에서만 필요한 한정적인 것도 아니다. 이미지케이션을 잘 해나가다 보면 사회적인 관계를 맺는 사람들 모두가 매일 매시간마다 어떤 교류에서건 잔잔한 행복을 느끼며 즐길 수 있는 기쁨을 얻게 된다.

처음부터 쭉 읽어보았다면 이미지케이션이 나와 타인에 대한 관심에서부터 출발한다는 것을 느꼈을 것이다. 내가 어떤 것을 할 때 열정과 몰입을 경험할 수 있는지 찾는 것도 관심에서 시작하고, 타인을 알기 위한 것도 그 관계를 지속하기 위한 것도 따뜻한 관심이 바탕이 된다. '따뜻한 관심' 이야말로 미래 사회에서도 개인, 가정, 조직, 기업이 유지되고 발전하는 밑바탕이 될 것이다.

이미지케이션의 핵심은 앞에서 누누이 강조했던 것처럼 '무엇을 표현하는가가 아닌 어떻게 표현해야 진정한 소통을 일으킬 수 있을까' 이다.

이 책을 읽는 여러분 모두 자신의 미래에서 '자신'과 상대방과의 '관계맺음'을 새롭게 창조해나가길 바란다.